本书受中南财经政法大学出版基金资助

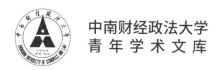

中南财经政法大学
青年学术文库

浓雾下高速公路
追尾事故风险管理

Rear-end Collision Risk Management
of Freeways in Heavy Fog

谭金华 ○ 著

中国社会科学出版社

图书在版编目（CIP）数据

浓雾下高速公路追尾事故风险管理／谭金华著 . —北京：中国社会科学出版社，
2019.5

（中南财经政法大学青年学术文库）

ISBN 978 - 7 - 5203 - 4089 - 2

Ⅰ.①浓…　Ⅱ.①谭…　Ⅲ.①高速公路—汽车跟踪—交通事故—风险管理

Ⅳ.①U491.31

中国版本图书馆 CIP 数据核字（2019）第 036543 号

出 版 人	赵剑英
责任编辑	徐沐熙
特约编辑	李清海
责任校对	汪 凤
责任印制	戴 宽

出　　　版	中国社会科学出版社
社　　　址	北京鼓楼西大街甲 158 号
邮　　　编	100720
网　　　址	http://www.csspw.cn
发 行 部	010 - 84083685
门 市 部	010 - 84029450
经　　　销	新华书店及其他书店

印刷装订	北京君升印刷有限公司
版　　次	2019 年 5 月第 1 版
印　　次	2019 年 5 月第 1 次印刷

开　　本	710×1000　1/16
印　　张	9.5
插　　页	2
字　　数	116 千字
定　　价	38.00 元

前　　言

　　浓雾天气极易引发交通事故。为保障交通安全，中国高速公路在雾天往往频繁地采取封路措施，影响交通效率，进而造成经济损失。本书的目的是，研究高速公路上，浓雾下驾驶员的行为特征，并探索一种矫正浓雾下驾驶员缩短跟车距离行为的方案；以及通过建立浓雾风险模型和仿真，研究一种能控制浓雾条件下交通事故风险的管理措施。

　　浓雾下驾驶行为的研究，采用驾驶模拟器实验获取驾驶速度、跟车距离等具体指标，结合问卷调查获取其心理特征的方法。结果表明：（1）浓雾下，无论相邻车道是否有车，被试的跟车距离都会缩短；（2）相邻车道车速越快，被试的平均自由行驶速度相对越快，跟车距离相对越短；（3）大部分被试没有意识到自己在浓雾下缩短了跟车距离；（4）基于智能交通系统方案的实施，使各个被试在自由行驶时的速度差异变小，而且正常天气和浓雾下的跟车距离变得没有显著差异。

　　浓雾下高速公路事故风险控制措施的研究，主要通过建立考虑浓雾下驾驶行为特征的交通流元胞自动机模型，量化分析了浓雾下行车所带来的发生追尾交通事故的风险，以及为了降低这种风险所采取的间断放行措施。单车道上，在车辆的元胞占有率 $\rho < 0.5$ 时，浓雾条件下的风险指标 f_a 远远高于无雾条件。在采取间断放行措施

后，同在浓雾条件下，f_a 的数量级从 10^{-4} 降低为 10^{-5}。研究还得出了不同的放行数量 N 时，放行车队之间合理的放行间距 h_1 以及每小时可以放行的最多车辆数 Q_{max}。双车道上，在不同的低限速条件下，双车道间断放行措施的放行时间间隔存在不同的临界值（h_{max}）。当间断放行的时间间隔大于临界值时，间断放行措施可有效控制浓雾下的追尾事故风险。公路雾区变长或两车道交错放行车辆，在使临界值变大的同时，也会增大发生追尾交通事故的概率。

可见，浓雾环境下，驾驶员的驾驶心理和行为，与正常天气有差异。其中，驾驶员缩短跟车距离的行为，会增加高速公路发生追尾事故的风险。高速公路采用间断放行措施时，可以通过设定合理的放行数量和放行时间间隔，有效控制事故风险，保证出行车辆的安全。本书研究结果可以为交通管理部门制定间断放行措施提供理论依据和参考。

本书的写作，得到了清华大学土木工程系石京教授的指导和帮助，特此致谢！希望本书的出版，能够有助于我国高速公路交通管理工作的开展！

谭金华博士

中南财经政法大学信息与安全工程学院

目　　录

第 一 章

绪 论

第一节 研究背景

我国高速公路里程增长迅猛，在 1990 年仅 0.0522 万公里，到 2000 年为 1.63 万公里，至 2017 年底已经达到 13.65 万公里[1]，详见图 1.1。

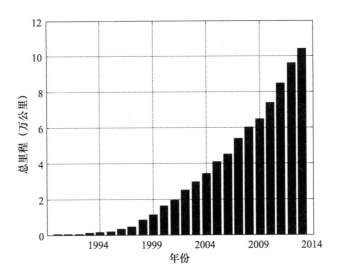

图 1.1 我国高速公路总里程增长情况①

___

① 数据来源于中华人民共和国国家统计局。

　　高速公路暴露于自然环境里，常常受到各种自然灾害的影响。《中国自然灾害系统地图集》标注了中国自然灾害的分布[2]，"结合道路风险的发生规律和大量相关研究文献的描述，可以知道我国各省常见的自然灾害方面道路风险的大致情况"[3]，如图 1.2 所示，浓雾在我国大部分地区都存在。而且，近几年我国很多地区雾霾天气频发。例如，在京津冀地区，2013 年 1 月份的平均雾霾天数达21.7 天[4]。因此，雾霾天气，尤其是浓雾天气，已经成为一种非常严重的自然灾害方面的道路风险。

用大写英文字母代表的道路风险：A台风　　B冻雨　　C沙害　　D崩塌　　E海啸　　F落石
G洪水　　H冰害　　I山体滑坡　　J浓雾　　K泥石流　　L大雪　　M暴雨　　N地震　　O高温
P寒冷　　Q水灾　　R塌方　　　（例：图中某省显示有字母A，则表示该省常有道路台风风险）

图 1.2　我国各省常见的自然灾害方面的道路风险[3]

　　浓雾天气下，高速公路的能见度极差（见图 1.3），易引发交通事故。据美国联邦公路局报告，美国每年与雾相关的碰撞事故中，大约有 600 人死亡和 16300 人受伤[5]。在中国，"据统计，沪宁高速公路上因低能见度浓雾的影响造成的交通事故，大约占事故总数的 1/4 左右，雾天高速公路的事故率是平常的 10 倍"[6]。

图 1.3　浓雾下的高速公路① （沪蓉高速 G42 691KM）

浓雾天气条件下，为保障交通安全，我国高速公路频繁地采取封路措施（见图 1.4）。一方面，高速公路封路会对人们的正常出行产生严重影响；另一方面，封路造成的经济损失也很巨大。例如，我国的沪宁高速公路（全长约 274.35 公里）在 2006 年至 2009 年间，因浓雾共有 57 次封路，造成了 6781 万元人民币以上的直接经济损失[6]。可见，浓雾已成为影响高速公路正常运营的重要灾害性天气。

除高速公路外，我国还有 400 多万公里的其他等级公路（见图 1.5）。受封路影响的车辆，会被迫转移到其他等级的公路上，常常导致其他等级公路或者周边小城镇出现交通堵塞，甚至交通瘫痪。

---

① 图片由湖北省公安厅高速公路警察总队拍摄提供并授权使用。

图1.4　浓雾下高速公路封闭①（沪蓉高速 G42 791KM）

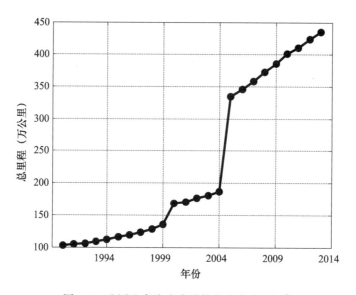

图1.5　我国除高速公路外其他公路总里程②

---

① 图片由湖北省公安厅高速公路警察总队拍摄提供并授权使用。

② 数据来源于中华人民共和国国家统计局。

　　更为严重的是，在山区，由于高速公路封路，一些迫切需要出行的驾驶员，可能会选择低等级的农村公路行驶，增大了发生交通事故的风险。据交通运输部统计，截至2013年底，全国农村公路（含县道、乡道、村道）里程达378.48万公里，其中，村道为214.74万公里，占56.7%[7]。截至2012年底，全国有铺装路面和简易铺装路面公路里程279.86万公里，占公路总里程的66.0%，未铺装路面里程为143.89万公里[8]。无论是铺装路面农村公路，还是未铺装路面农村公路，由于其安全防护设施相对薄弱（见图1.6和图1.7），在浓雾条件下相向行驶时极易发生交通事故。

图1.6　路面硬化后的农村公路①

　　我国的公路里程逐年增长（见图1.1和图1.5），交通事故已经成为一个广泛受关注的社会问题。我国近些年道路交通事故情况详见表1.1。

---

　　①　图片由本书作者拍摄于广西壮族自治区百色市西林县境内。

图 1.7 路面硬化前的农村公路①

表 1.1 全国道路交通事故情况 (2006 年 ~ 2010 年)②

年份	死亡人数 (单位：人)	受伤人数 (单位：人)	全国共发生道路交通事故 (单位：起)
2006	89455	431139	378781
2007	81649	380442	327209
2008	73484	304919	265204
2009	67759	275125	238351
2010	65225	254075	219521

因此，为减少道路交通事故的发生，降低或者消除浓雾灾害对道路的威胁，应该开展浓雾下交通风险研究，加强道路浓雾风险管理。

---

① 图片由本书作者拍摄于湖北恩施土家族苗族自治州利川市境内。

② 数据来源为公安部交管局网站。

第二节 研究意义

本书的意义体现在理论意义和工程实践意义两个方面：

一 理论意义

浓雾条件下特殊驾驶行为的研究，分析产生这些行为的影响因素，并进行交通流建模，量化它们产生的交通事故风险大小。从研究方法的角度来说，对以后的研究有一定的借鉴意义。

二 工程意义

基于能见度和浓雾条件下特定的驾驶行为等因素，制定出科学的浓雾条件下高速公路交通管理措施，可以降低高速公路的事故发生率，人民生命财产损失的减少可以带来巨大的社会经济效益。例如，在保障交通安全的前提下，本书制定出科学的高速公路间断放行措施，包括合理的放行数量和放行车队之间的间距。研究成果可以为交通部门采取间断放行措施提供理论依据和参考，合理的放行措施可以避免因浓雾天气交通安全性差而封路带来的各种损失。

第三节 研究内容与框架

本书的主要内容包括以下几个部分：

一、通过汽车驾驶模拟器实验和问卷调研，研究不同能见度浓雾与交通场景下的驾驶员驾驶行为特征。在调研国内外大量相关文献的基础上，设计汽车驾驶模拟器实验，研究在不同能见度的浓雾和不同的高速公路交通场景下，驾驶员的驾驶心理和行为，得到浓雾条件下驾驶行为数据。

二、浓雾条件下驾驶风险的分析研究。完成汽车驾驶模拟器实验后，对实验数据进行统计，通过软件分析实验数据，得到浓雾条件下驾驶员具有的特定驾驶行为以及这些行为的影响因素。

三、浓雾条件下驾驶风险的量化。将得到的浓雾条件下特定驾驶行为，运用交通流理论进行建模，在交通流模型中设定相应的风险指标和交通效率指标。通过计算机编程模拟，得到在浓雾条件下驾驶员特定的驾驶行为可能带来的交通事故发生概率和对交通效率影响的大小。

四、运用交通工程手段进行浓雾条件下风险控制。对于高速公路，浓雾条件下的交通事故风险远远大于正常天气时的交通事故风险。通过设计浓雾条件下的交通管制措施，使浓雾条件下的行车风险和交通运行效率可以控制在一个合理的范围内，从而达到浓雾条件下行车风险控制的目的。

本书的研究框架，详见图1.8。

第四节　研究方法

在研究方法上，主要是通过驾驶模拟器实验得到浓雾下高速公路上的驾驶行为，再将驾驶行为引入可以量化事故风险的交通流模型，最后应用所提出的模型研究交通管理措施。

本书招募了64名驾龄在2年以上，驾驶里程在5000公里以上，年龄在25周岁至45周岁之间，视力或矫正视力正常的驾驶员参与驾驶模拟器实验。实验的道路场景为单向两车道高速公路，设计依据为中华人民共和国交通部发布的《公路工程技术标准》（JTG B01 - 2003）。数据分析采用IBM SPSS Statistics 20进行，主要采用了双因素混合设计方差分析方法，研究得到浓雾条件下的驾驶行为特征。基于实验结果，建立了交通流元胞自动机模型。通过在

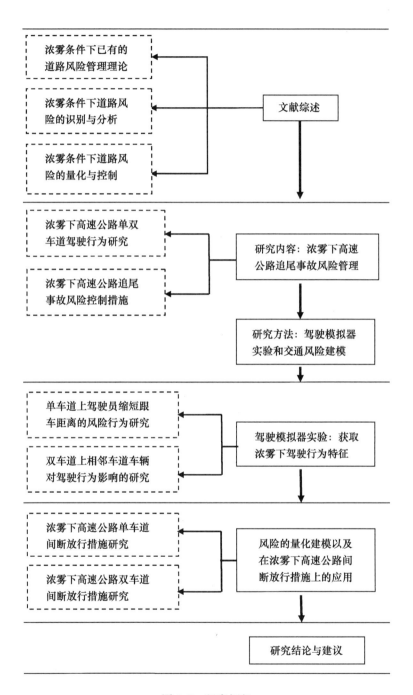

图 1.8 研究框架

模型里面设置风险参数，模拟得到采取不同的间断放行措施时发生事故风险的概率大小。

第五节　本书结构

本书共分为七章，各章主要内容如下：

第一章为绪论。论述本书研究的背景、意义、内容和框架。

第二章为研究综述。以制定浓雾条件下的交通措施为目的，全面论述已有研究成果和待解决的理论问题。从浓雾条件下已有的道路风险管理理论出发，首先综述了识别浓雾风险的方法，接着综述了浓雾风险的分析、量化和控制方法，最后总结论述了现有研究存在的局限性。

第三章为浓雾下追尾事故风险概念。从风险与事故的概念出发，研究了风险与事故的关系，并重点研究了风险叠加造成的危害。为界定本书浓雾下高速公路追尾事故风险管理的研究范畴，该章定义了浓雾下追尾事故风险的概念。

第四章为浓雾下驾驶行为研究。本章采用驾驶模拟器实验，结合问卷调查的方式，对比研究不同能见度条件下其他车道车辆行为对驾驶员的影响，并分析其成因，深入研究浓雾条件下驾驶行为的影响因素。而且，为探索矫正浓雾下驾驶员缩短跟车距离行为的方法，设计了一种基于智能交通系统的方案，即在被试自由行驶时提供安全的建议速度值，跟车行驶时提供建议跟车间距值并显示实时跟车距离，通过汽车驾驶模拟器实验，研究该方案的效果，为矫正措施的制定提供依据。

第五章为单车道间断放行措施研究。通过建立考虑了浓雾条件下驾驶行为特征的单车道交通流元胞自动机模型，来研究浓雾对交通的影响。为了最大程度降低雾天带来的事故风险，在此采用单车道间断放行和控制车速的措施。在保障交通安全的前提下，本章确定出了浓雾天气条件下，高速公路单车道间断放行措施中合理的放行数量和放行车队之间的间距。

第六章为双车道间断放行措施研究。考虑相邻车道车辆的相互影响，建立了浓雾下双车道交通流元胞自动机模型。通过数值模拟，探讨了浓雾下单向双车道高速公路采用不同的限速措施时，浓雾对交通安全、速度和流量的影响。而且，为有效控制浓雾下高速公路行车风险，本章探索了不同的双车道间断放行措施。在限定的风险概率条件下，确定出双车道间断放行措施中，采取不同的放行方案时，合理的放行时间间隔。

第七章为总结与展望。该章总结了本书的主要结论和贡献，以及研究的局限性和对未来研究的展望。

第 二 章

研究动态综述

本章着眼于浓雾条件下的道路风险管理，全面论述已有研究成果和待解决的理论问题。从浓雾条件下已有的道路风险管理理论出发，分别综述了浓雾风险的识别、分析、量化和控制方法，最后总结论述了现有研究存在的局限性。

道路风险是道路面临的潜在威胁，是客观存在的[10]。高速公路常见的自然灾害方面的道路风险包括暴雨、大雪和浓雾等。为尽量减轻或消除这些风险的影响，需要进行道路风险管理。道路风险管理是"在道路规划、设计、施工、运营和维护的各个环节，对与道路相关的潜在风险事件进行识别，对出现风险的可能性和后果等进行估计，并将结果进行分析、评价和储存，制定相应的对策，以减轻或者消除道路风险事件的影响的过程"[10]。

从涉及交通安全的人、车、路和环境几个因素来看，浓雾条件下的道路风险，可分为环境风险与道路自身风险，车辆风险，以及人的风险驾驶行为等几个方面。

浓雾环境本身就是一种风险，在浓雾条件下驾驶，相对于正常天气，发生事故的可能性要高很多。另外，道路的不合理设计和其他自然灾害方面的道路风险，在浓雾条件下，对交通安全的影响可能会更严重。例如，山区高速公路的落石风险，在正常天气条件下，驾驶员容易发现，做出反应的时间较短，可能造成的危害较小；但是，在浓雾条件下，由于受视距限制，驾驶员很难发现落石，加上浓雾条件下驾驶员可能具有的一些特殊心理特征，就很容易造成重大事故和损失。此外，驾驶员在浓雾条件下的驾驶行为，与正常天气条件下差别较大，也会带来一定的风险。

从各国的高速公路运营管理经验来看，对高速公路的正常运营危害最大的恶劣天气即为浓雾[11]。浓雾作为一种常见的道路风险，按照道路风险管理流程，也有识别、判断分析、量化和管理控制措施的制定等几个方面。下面分别就这几个方面一一阐述。

第一节　浓雾风险的识别

浓雾风险的识别，主要包括能见度的测量和浓雾下风险驾驶行为的识别两个方面。

一　能见度的测量

（一）能见度的定义

能见度可分为白天能见度和夜间能见度，本研究中选用的是白天能见度。白天能见度的定义为："相对于雾、天空等散射光背景下观测时，一个安置在地面附近的适当尺度的目标物能被看到和辨认出的最大距离。必须强调：采用的标准是辨认出目标物，而并非仅看到目标物却不能辨认出它是什么。"[12]

（二）能见度的测量方法

目测法和器测法是进行能见度测量的两种主要方法。精确的大气能见度测量必须用先进的仪器。Koschmieder 提出的 Koschmieder 定律，是计算大气能见度的物理基础[13]。

（三）能见度的测量工具

照相机在 20 世纪 40 年代就被用以测量能见度[15]。我国自 60 年代中期开始了器测能见度的探索研究[11]。目前，多个国家的许多厂家均能生产出先进的能见度测量仪器，这些仪器已经成为高速公路必不可少的管理工具。

（四）驾驶模拟器上能见度的测量

在驾驶模拟器上，能见度的测量，可采用在没有弯道的公路上，测试人员在模拟环境中行驶，把刚好能够看见一辆停在公路上的车的距离作为能见度。一般是多人重复测量，取平均值作为模拟环境的能见度。例如，Brooks 等[5]采用 7 个人参与测试，每个人将刚好能够看见停在车道上的一辆红色车的距离记录下来，测试人员可以通过前进和后退来确定这个距离，然后取这 7 个人所得结果的平均值作为驾驶模拟器模拟环境的能见度。

（五）基于能见度的预警系统

能见度的识别，通常是预警系统的一个重要组成部分。当能见度低于某个阈值时，就要进行预警。与预警系统相关的研究较多[16,17]。

二　浓雾下风险驾驶行为的识别

根据中华人民共和国公安部在 1997 年 12 月 26 日颁布的《关于加强低能见度气象条件下高速公路交通管理的通告》，浓雾条件下，公安机关会依照规定采取封闭高速公路的交通管制措施[18]。另外，如果招募驾驶员在浓雾环境下实验，会给驾驶员带来很大的风险。因此，浓雾下高速公路上的驾驶行为难以观测。

在国外，浓雾下风险驾驶行为的识别方法，主要是采用汽车驾驶模拟器实验，并以问卷调研为辅助手段。Broughton 等学者采用的是汽车驾驶模拟器实验的方式得到雾天的风险驾驶行为特点[19-24]；Hassan 和 Abdel-Aty 则采用了问卷的方式得到雾天的风险驾驶行为[25]。

三　小结

本书偏重于浓雾下风险驾驶行为的识别，通过汽车驾驶模拟器实验，得到浓雾条件下驾驶员可能具有的风险驾驶行为；对于能见度的检测，仅对实验环境中模拟雾的能见度进行了标定。

第二节　浓雾风险的分析

按照已有研究成果，浓雾条件下的驾驶风险，主要取决于能见度和特定驾驶心理导致的驾驶行为。因此，本书中对浓雾环境下驾驶风险的分析，集中于能见度和驾驶行为两个方面。由于有关能见度方面的研究已经相对成熟，本书侧重于驾驶行为方面的研究，分析浓雾条件下驾驶员有哪些特定的风险驾驶行为及其影响因素。

一　能见度降低引起的交通风险分析

能见度的降低，影响到驾驶员的视距，为保证交通安全，相应的最大速度也会有所降低。相应的研究已经比较成熟，例如，汤筠筠[26]分析了雾对交通安全的影响规律、雾的观测内容和方法、雾区监控系统的建立、雾区的限速和交通安全管理策略等。

仅能见度降低引起的驾驶风险分析，本书不作为重点内容。

二　人的风险驾驶行为分析

道路交通系统主要由人、车辆、道路和交通环境构成，因此，造成道路交通事故的原因主要包含这几个因素，其中，人的因素是主要原因（详见表2.1）。浓雾环境下驾驶员的不当驾驶行为，尤其是风险驾驶行为（risky driving behavior），极易引发道路交通事故。

表 2.1　　　　　　　　　中国 2008 年道路交通事故主要原因统计①

项目	机动车	机动车驾驶员	非机动车驾驶员	行人、乘客	其他
事故	4.22%	90.68%	3.58%	1.37%	0.15%
死亡	4.19%	91.49%	2.19%	1.89%	0.24%

近年来，学者们通过汽车驾驶模拟器实验和问卷调查得知，浓雾条件下，驾驶员是存在一定的风险驾驶行为的，对交通安全造成很大隐患。

Broughton 等[19]研究了 3 种不同能见度条件下的驾驶行为，3 种能见度分别为 492.7m、93.1m 和 40.6m。研究发现，浓雾条件下，会有车辆脱离前车视线范围，成为慢车（Laggers）。对于处于跟驰状态的车辆（Non-Laggers），浓雾条件下有跟驰距离缩短的现象。Caro 等[20]认为，驾驶员在浓雾环境开车时，会缩短跟驰距离，这样可能得到感知控制效益。显然，驾驶员缩短跟驰距离的行为，会增加追尾事故发生的风险。Saffarian 等[23]也运用汽车驾驶模拟器研究了驾驶员雾天缩短跟驰距离的行为。实验的被试数量为 27，包含 22 位男性和 5 位女性，他们拥有驾照的时间最短为 6 个月。结果表明，有 3 位被试脱离了前车视线范围，成为慢车。赵佳[27]认为驾驶员对前方车辆行驶状态的认知能力在雾天环境下会下降，从而会有缩短跟驰距离的行为。

Ni 等[21]研究了浓雾条件下年龄对跟驰距离的影响。该研究将

---

① 摘编自《中国交通年鉴 2009》。

被试分为老龄组和年轻组，老龄组的平均年龄为 72.6 岁，年轻组的平均年龄为 21.1 岁，模拟雾的浓度分别为 0、0.04、0.08、0.12 和 0.16 共 5 种。在实验车的前方有一辆引导车，实验车和引导车之间的初始间距为 18 米，引导车的速度变化时，要求实验车通过调节自身速度来保持车头间距。实验表明，当雾的浓度较大时，无论是老龄组的驾驶员还是年轻组的驾驶员，其车头间距都会减小，相对而言，老龄组驾驶员的车头间距比年轻组驾驶员的车头间距更小，说明在浓雾条件下老龄人的驾驶风险更大。Ni 等[22]运用汽车驾驶模拟器研究表明雾天条件下，老龄驾驶员对发现即将发生的碰撞事故的能力下降，导致发生碰撞事故的风险上升。

Mueller 等[24]运用汽车驾驶模拟器主要研究了雾天驾驶时，驾驶经验对驾驶行为的影响。结果表明，正常天气条件下有经验的驾驶员的速度更快，但是在模拟雾的条件下有经验的驾驶员的速度下降较快，与新手驾驶员速度差不多。

Brooks 等[5]选取了 77 位学生参与汽车驾驶模拟器实验，被试的平均年龄为 20.5 岁，研究了 6 种不同能见度条件下驾驶员的驾驶行为（见图 2.1）。结果表明，仅仅在能见度低于 30m 时，驾驶员的车道保持能力才会降低。陈秀锋等[28]取能见度分别为 500m、200m、80m、50m 和 30m，研究得出对驾驶员车道保持能力产生影响的能见度为 30m。

Abdel-Aty 等[29]收集美国佛罗里达州 2003 年 ~ 2007 年的碰撞事故数据，研究了由于雾和烟引起的能见度降低导致的交通事故。结果表明，从 12 月到次年 2 月份的早晨是与雾和烟有关的碰撞事故高发时间。与正常天气相比，与雾和烟有关的碰撞事故更多的是多车相撞的严重事故。而且，正面相撞和追尾是事故的主要形式。事故主要发生在高速路、无分隔带的道路和双车道农村公路等。

Hassan 和 Abdel-Aty[25]在美国佛罗里达州中部对 566 位驾驶员

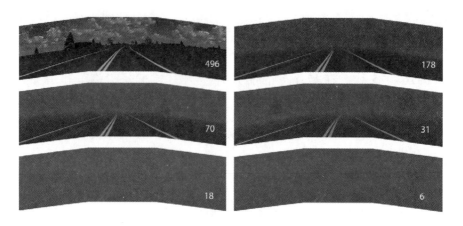

图 2.1　6 种不同能见度的选择[5]

进行了自陈式问卷调研，运用结构方程模型（Structural Equation Modeling，SEM）等方法进行研究。结果表明，在不同的雾天条件下，驾驶员对可变限速（Variable Speed Limit，VSL）和可变信息标志（Changeable Message Signs，CMS）的满意程度，决定于对建议或警告信息的遵守程度。值得一提的是，该研究中，为使驾驶员更好地填写问卷，问卷设计时加入了图片。

段冀阳[30]对浓雾条件下驾驶员缩短跟驰距离的行为的发生做了解释，认为在浓雾条件下，道路上的车辆在较近的距离范围内才会显现出来，后车驾驶员为了增加视野中稳定的部分，从而获得更多的安全感，所以会有缩短跟驰距离的行为发生。

此外，进行驾驶模拟器实验时，可以基于驾驶员的主观感受，研究驾驶员对潜在危险的感知。主要有两种方式：（1）在进行驾驶模拟器实验的过程中，通过仪器获取驾驶员对危险的主观感受值[23]；（2）在驾驶模拟器实验结束后，立即通过问卷调查的方式获取[96]。

三　小结

目前，对于浓雾条件下驾驶员跟驰行为的研究，主要集中于单车道上的跟驰行为，而相邻车道车辆对驾驶行为影响的研究，尚未发现相关成果。因此，本书将采用驾驶模拟器实验结合问卷调查的方法，更全面地研究浓雾条件下驾驶员所具有的风险驾驶行为，并分析其成因，为交通管控措施的制定提供依据。

第三节　浓雾风险的量化

近年来，一些学者运用历史交通流数据和气象数据对特殊天气条件下的交通风险进行了量化研究。

Abdel-Aty 等[31]用交通事故发生前 5 分钟 ~ 10 分钟的线圈数据来预测高速公路事故发生的概率。研究表明，事故下游第一个线圈检测到的平均速度和事故上游第一个线圈检测到的速度变差系数，对能见度有关的交通事故的发生有显著影响，对事故的预测精度可达 73%。

Hassan 和 Abdel-Aty[32]用事故前 5 分钟 ~ 15 分钟的交通数据预测与能见度有关的交通事故，研究表明，可以用高速公路上的实时交通数据来预测与能见度有关的交通事故，且预测精度达到 69%。徐铖铖等[33]建立了考虑天气因素的事故风险预测模型，结果表明考虑天气因素有利于提高预测的精度。

但是，利用交通流数据和气象数据进行实时交通风险量化有一定的局限性。首先，交通流数据是事故发生前 5 分钟 ~ 15 分钟这段时间内的数据，表明只可以根据当前至前一段时间的数据，预测未来的事故概率，不能够根据当前交通流状况判断发生交通事故的风险有多大。另外，研究中选取与事故发生时间最近的气象数据作为天气特征参数，而气象站数据的精度为 1 小时，在 1 小时内，雾的能见度变化较大，因此，预测的可信度较低。

进行交通风险的量化，还有一种可行的办法，即通过建立交通流模型，在模型里面设置风险参数，模拟得到风险发生的概率大小。这类研究思想起源于 Boccara 等[34]。Boccara 等学者认为车队中某一辆车同时满足 3 个条件时，车辆处于危险情境，这时即有可能发生交通事故。3 个条件分别为：（1）第 t 时刻第 n 辆车与前车间距小于最大速度；（2）前车在 t 时刻速度大于 0；（3）前车在 $t+1$ 时刻速度为 0。此后，许多学者接受了这一思想，并做了大量的后续研究。本书拟沿用这一思想，并将其发展为量化特殊天气条件下事故风险的工具。

因此，本书在量化浓雾下事故风险的文献综述部分，主要围绕可以用于研究事故风险的微观交通流模型进行阐述。首先介绍微观交通流模型总体研究进展，然后介绍考虑驾驶行为的微观交通流建模研究动态，最后介绍考虑交通风险的微观交通流建模研究动态。

一 微观交通流模型研究进展

大体上，微观交通流模型可以分为跟驰模型和换道模型两类。跟驰模型主要包括优化速度模型、智能驾驶员模型和单车道元胞自动机模型等；换道模型主要包括间隙接受模型、加/减速度接受模型、换道轨迹规划模型、单向多车道优化速度跟驰模型和有换道的元胞自动机模型等[35]。

元胞自动机是一种时间、空间和状态都离散的动力学系统模型[36]，可以用来描述驾驶行为以及量化交通风险。Wolfram 提出的 184 号元胞自动机规则可以用来描述交通流中的车辆运动[37]。作为对 184 号规则的推广，1992 年 Nagel 和 Schreckenberg[38] 提出 Nagel-Schreckenberg（NaSch）一维元胞自动机模型，如果第 n 辆车在第 t 时刻所在的位置记为 $x_n(t)$，第 n 辆车在第 t 时刻的速度记为 $v_n(t)$，车辆的最大速度记为每秒 v_{max} 个元胞，则车辆满足以下并行运行规则：

（1）加速

$$v_n \left(t + \frac{1}{3} \right) = \min \left(v_n \left(t \right) + 1, \ v_{\max} \right)$$

（2）减速

$$v_n \left(t + \frac{2}{3} \right) = \min \left(v_n \left(t + \frac{1}{3} \right), \ \mathrm{gap}_n \left(t \right) \right)$$

其中 $\mathrm{gap}_n \left(t \right) = x_{n+1} \left(t \right) - x_n \left(t \right) - 1$

（3）随机慢化

以慢化概率 p 有下式成立：

$$v_n \left(t + 1 \right) = \max \left(v_n \left(t + \frac{2}{3} \right) - 1, \ 0 \right)$$

（4）车辆运动

$$x_n \left(t + 1 \right) = x_n \left(t \right) + v_n \left(t + 1 \right)$$

NaSch 模型能够较好地描述一些实际道路交通现象。例如，取道路长度 $L = 500$ 个元胞（cell），车辆总数 $N = 50$，慢化概率 $p = 0.6$，最大速度 $v_{\max} = 5$ 元胞/秒，循环步数为 500 时，运用循环边界模拟得到不同时刻车辆在不同位置的时空图，如图 2.2 所示。可见，该模型能够描述交通拥堵现象。

随后，基于 NaSch 模型，涌现出大量的研究成果。在这些研究中，一部分模型重点针对规则本身进行改进，使其更符合实际交通情况；还有另一部分模型则是为了研究某个具体问题，而将原有模型改进和应用。

（1）模型规则的改进

Fukui 和 Ishibashi[39] 提出了 FI 模型，该模型中，车辆不需要逐步加速，而且仅仅高速行驶的车辆有随机慢化。模型中车辆速度更新规则为：如果 $\mathrm{gap}_i \left(t \right) \geq v_{\max}$，则以 p 的概率 $v_i \left(t + 1 \right) = \max \left(v_{\max} - 1, \ 0 \right)$，以 $1 - p$ 的概率 $v_i \left(t + 1 \right) = v_{\max}$；如果 $\mathrm{gap}_i \left(t \right) <$

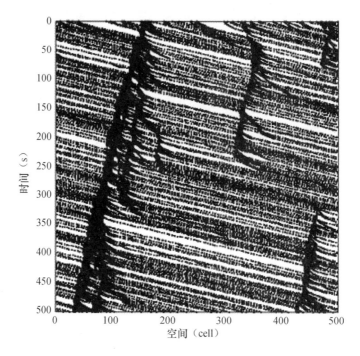

图 2.2　NaSch 模型车辆运行的时空轨迹

$v_{\max}$，则 v_i （$t+1$） ＝ gap_i （t）。Benjamin 等[40]在模型中加入慢启动规则（BJH 模型），观察到亚稳态的存在。Clarridge 和 Salomaa[41]在BJH 模型的基础上，引入了缓慢停止（slow-to-stop）规则，使模型更符合实际驾驶行为。

Knospe 等[42]提出舒适驾驶（Comfortable Driving，CD）模型，考虑了驾驶员希望平稳和舒适驾驶的特点。汪秉宏等[43]提出介于NaSch 模型和 FI 模型之间的一种新的一维交通流元胞自动机模型，此模型采用 NaSch 模型中的车辆逐步加速方式，和 FI 模型中的仅最大速度车辆可随机减速的车辆延迟方式。Wang 等[44]在 FI 模型的基础上进行了改进，提出了一种介于 NaSch 和 FI 模型之间的模型（WWH 模型），该模型中，车辆速度与车间距有关。La'rraga 等[45]通过在 NaSch 模型的规则中的减速步定义一个安全参数，来体现 Na-

Sch 模型中车辆运行的安全性，该模型的减速规则为：$v_n(t+1) = \min(v_n(t+2/3), \text{round}(\text{gap}_n(t) + (1-\alpha)v_{n+1}(t)))$，$\alpha \in [0, 1]$，其中，round 代表取整。随后，La'rraga 和 Alvarez-Lcaza[46] 提出了一个新的单车道元胞自动机模型，引入了相对速度、极限加减速等参数。周期边界的模拟结果显示，当车辆接近于拥堵区域时，速度会逐渐降低，避免了许多元胞自动机模型中不真实的减速行为。

在肖瑞杰等[47] 的模型中，车辆具有不同的长度和最大速度：一辆短车占据一个格点，长度为 7.5 米，对应最大速度为 135km/h，一辆长车占据两个格点，长度为 15 米，对应最大速度为 80km/h。

Wang 等[48] 将马尔科夫链运用于元胞自动机模型，一步转移概率矩阵即为车头间距选择矩阵，驾驶员在不同的速度区间时，根据当前时刻所处的车头间距，决定下一时刻应该选择的车头间距，并以一定的概率随机选择一个车头间距值。

Vasic 和 Ruskin[49] 运用一维元胞自动机模型研究了机动车和非机动车的混合交通，所选择的场景包括路段和汽车与自行车共用一条车道从而有冲突的交叉口。随着绿色交通理念的发展，许多学者都在关注于运用元胞自动机模型研究自行车交通。

（2）模型的具体应用

杨丽群[50] 认为雾天能见度低，为了保证安全，驾驶员经常有停车的行为。该研究虽然考虑了能见度对最大速度的影响，但是没有考虑处于能见度范围内和能见度范围外，驾驶员的驾驶心理和行为。潘江洪等[51] 研究结果表明，受能见度影响的路段为系统的瓶颈，为避免其上游路段出现严重堵塞，应根据能见度大小，对车辆在系统入口产生概率和系统出口消失概率进行合理调节。

Zhang 等[52] 运用交通流元胞自动机模型研究了车辆的能耗问题。用 $e_n(t)$ 表示第 n 辆车从 t 到 $t+1$ 时刻的能耗，当 $v_n(t+1) \geq v_n$

(t) 时能耗 e_n (t) $= 0$，当 v_n $(t+1)$ $< v_n$ (t) 时能耗 e_n (t) $=$ $[v_n^2$ (t) $- v_n^2$ $(t+1)]$ $\times m/2$。其中，m 代表车辆的质量，v 代表瞬时速度，$mv^2/2$ 为每一辆车的动能，车辆的能耗定义为车辆动能的减小。

Ramachandran[53]运用元胞自动机模型研究了减速带对交通流量和速度的影响。结果表明，在不同的慢化概率条件下，交通密度较低和较高时，减速带的存在对流量和速度的影响不大。梁玉娟和薛郁[54]在经典 NaSch 模型的基础上，考虑行驶弯道的曲率半径、弧长以及路面的摩擦系数等对车辆运行的影响，提出一种改进的适应特殊路况的单车道元胞自动机模型。赵韩涛和毛宏燕[55]研究了多车道时，应急车辆的出现对交通流的影响，提出了车流中包含应急车辆的多车道元胞自动机模型。

王殿海和金盛[56]认为微观交通流模型在朝着模型专门化和综合化的方向发展，研究特定因素影响下的跟驰模型是一个重要的研究方向，并且会更多地考虑驾驶行为。

二　驾驶行为的建模

考虑驾驶行为的交通流模型，一般分为如下几类：（1）车辆分为快车和慢车，快车驾驶员的最大速度大于慢车驾驶员的最大速度；（2）按照驾驶员的特性分类，一般分为激进型、中立型和保守型等，具有不同特性的驾驶员所驾驶车辆的运行规则不同；（3）描述特定的驾驶行为，例如驾驶水平。下面分别阐述如上几类微观交通流模型的研究动态。

Nagatani[57]研究了两车道混合交通流的偏析现象，混合交通流指具有两种不同最大速度的驾驶员，其中车道之间的换道规则是相非称的。Li 等[58]则研究了车道之间的换道规则是相对称的情形，研究结果表明，车辆的偏析现象，在交通密度较大时不明显，而在交通密度较小且为自由流时则很明显。

雷丽等[59]提出的敏感驾驶行为模型（SDNaSch模型）表明，随着敏感驾驶车辆的增多，道路容量也随之提高。吴可非等[60]定义了两类驾驶员：激进驾驶员和谨慎驾驶员，前者的车辆运动演化规则为FI模型的演化规则，后者的车辆运动演化规则为NaSch模型的演化规则。王裕青等[61]的研究结果表明，对于交通流量和速度而言，谨慎型驾驶员的影响是负面的。彭莉娟和康瑞[62]在激进型和保守型驾驶员的分类基础之上，提出的中立型驾驶员，具有介于激进行为和保守行为之间的演化规则。

花伟和许良[63]为了能够反映出驾驶者水平与车流之间的关系，将驾驶水平引入到元胞自动机模型，结果表明一致性较好的驾驶水平有利于交通流畅。

康瑞等[64]在交通流元胞自动机模型中，提出驾驶方式改变的概念。驾驶方式分为激进型驾驶方式（AGG）和保守型驾驶方式（CON）两种，当第 i 辆车满足条件 $v_i(t+1) > gap_i(t+1) + \Delta x_{i+1}(t) - 1$ 时，车辆以 p_{change} 转变为保守型驾驶方式，当第 i 辆车满足条件 $v_i(t+1) < gap_i(t+1) - 1$ 时，车辆以 p_{change} 转变为激进型驾驶方式。通过计算机数值模拟，发现驾驶方式可变时，模型模拟得到的混合交通流流量较大。

Ding等[65]认为交通流元胞自动机模型的随机概率应该反映驾驶员基于历史经验的学习和遗忘行为。因此，该文所提模型的随机概率考虑了驾驶员的记忆特点。

王殿海和金盛[56]认为，驾驶行为不能被简单地视为一种纯机械过程，而应该是物理和心理相互作用的过程。当前的一个重要研究方向，即为研究驾驶员的跟驰行为及其心理特征。

三　交通事故风险的建模

考虑交通事故风险的微观交通流模型，主要是在模型中定义安全参数，并在模拟中记录发生危险情境的情况，判断不同的车辆运行条件下风险概率的大小。

Moussa[66]在 Boccara 等学者提出的道路交通安全性判断方法的基础上，利用 CA 模型仿真得到交通事故概率在车辆的空间占有率（交通密度）低时较高的研究结果。牟勇飚和钟诚文[67]针对 NaSch 模型中存在的高速车辆可能发生追尾事故的风险，考虑了前车速度为零的情况，提出强调驾驶安全性的安全驾驶模型。

Zhang 等[68]运用元胞自动机模型研究了限速区的交通事故发生概率。研究表明，对于确定性的 NaSch 模型，交通事故发生的概率与最大速度有关，而与限速区长度无关；对于非确定性的 NaSch 模型，事故概率与限速区的最大速度和限速区长度有关，最大速度越大，发生交通事故的概率就越大，限速区越长，发生事故的概率越小。

Sugiyama 和 Nagatani[69]在 2012 年运用优化速度模型研究了由于车队中某一辆车突然停下产生的多车追尾事故风险的大小。所用的优化速度模型表达式为：$d^2x_i/dt^2 = \alpha \{V(\Delta x_i) - dx_i/dt\}$，式中，$x_i$ 代表第 i 辆车的位置，t 代表时间，α 代表敏感系数，$V(\Delta x_i)$ 为最优速度方程，Δx_i 代表第 i 辆车的车头间距，$\Delta x_i = x_{i+1} - x_i$。当前车停下，满足 $v_i(t)/\Delta x_i(t) \to \infty$，$t \to \infty$ 时，则有追尾事故发生。此研究表明，当交通密度足够小时，是不会有追尾事故发生的，即车队中没有车紧跟前车，这与现实是不相符合的，也是本研究的缺陷之一，这个缺陷的产生可能是没有全面考虑驾驶员行为的结果。Sugiyama 和 Nagatani[70]在 2013 年改变了在原来文献[69]的优化速度模型，加上了与前车相对速度的影响，优化速度模型公式为 $d^2x_i/dt^2 = a \{V(\Delta x_i) - dx_i/dt\} + b \{dx_{i+1}/dt - dx_i/dt\}$。研究结果表明，车辆间的速度差越大，发生的追尾事故越严重。

四　小结

目前，考虑浓雾条件下驾驶行为的交通风险建模研究，尚未发现相关成果。本书拟通过在所建立的交通流模型中设定安全参数，量化得到浓雾条件下驾驶风险概率的大小。

第四节　浓雾风险的控制

为了保证浓雾条件下公路交通的安全，需要采取多种交通风险控制措施。具体来讲，可以分为公路雾区安全设施设计和公路雾区安全管理控制两个方面。

一　公路雾区安全设施设计

在低能见度情况下，驾驶员将难以获得标志信息、道路轮廓信息以及前方线型走向信息，而这些信息对道路安全驾驶至关重要[71]。所以，有必要注重高速公路雾区交通安全设施的完善，例如标志标线、雾灯和护栏的设置。

高速公路雾区设置的标志，一般有雾区预告标志、雾区前方设置的雾区提示标志和雾区长度标志等。标线是驾驶员行驶过程中的主要参考设施，在雾区路段，应该强化标线的诱导功能[72]。

用于预防控制高速公路雾区交通事故的雾灯，可分为车辆上的雾灯和道路上的雾灯两类。能见度较低的情况下，车辆上的雾灯有助于其他车辆及时发现本车，减少车辆间碰撞事故的发生；道路上的雾灯，应注重在纵向与横向上的位置选址和安装高度的确定，在低能见度下能够让驾驶员看清高速公路的轮廓和线形，为车辆提供横向定位参考和纵向线形指引[73]。

护栏是高速公路上重要的被动防护措施，也是最后一道安全防线。高速公路雾区通常采用的柔性较大的护栏，例如缆索护栏，可以降低交通事故伤亡数量和财产损失[74]。

二 公路雾区安全管理控制措施

为了保障高速公路交通安全，高速公路雾区通常会采取一定的管理控制措施，包括信息诱导、线形诱导、限速和高速公路的出入口控制等[71]。

陈新等[75]介绍了美国犹他州雾天交通管理措施。在犹他州的北部山区，每年浓雾天气会有持续几周的情况，当地交通部门在雾区采取了车速管理措施（见表2.2）。此外，还装备了多辆除雾车来增加能见度。

表 2.2　　　　　　　　　　犹他州车速管理措施[75]

能见度	车速控制
150 米—200 米	限速 80 公里/小时
100 米—150 米	限速 65 公里/小时
60 米—100 米	限速 50 公里/小时
< 60 米	限速 40 公里/小时

浓雾天气下，高速公路的出入口控制，主要包含车型控制、间断放行和封路等几种措施[71]。

浓雾下重点控制的车型是危险品运输车辆和货车。因为危险品运输车辆发生交通事故后救援困难，会造成严重的影响，因此应限制通行。由于货车体积较大，影响其他车辆视线（见图2.3），尤其在浓雾条件下能见度很低时，货车的通行对交通有非常不利的影响。有研究指出货车在雾天容易发生事故，其通行也应该受到限制[76]。

图 2.3　高速公路上货车通行对视线的影响

间断放行一般有两种形式，一种为一次放行多辆车，有警车带队监督；另一种为每次仅放行一辆车，没有警车监督。新闻媒体关于间断放行的报道很多。例如，据报道，2009 年某日沪陕高速上行线肥西至六安段，能见度约 50 米时，开始实行间断放行措施[①]；由于大雾的影响，2013 年 10 月 10 日上午 8 点左右开始，宣广高速（G50 沪渝高速宣广段）开始间断放行，大约每分钟放行一辆车[②]。

三　小结

对于公路雾区的安全保障而言，只靠硬件设备的建设和发展是远远不够的，应该使硬件设备和管理相互协调、相互促进，才能使得整个安全保障系统能够发挥应有的效用。目前，针对高速公路的间断放行措施，尚未发现有理论研究指出不同的浓雾条件下，每次放行时安全的放行数量，以及放行车队之间应该保持的安全间距。

---

① 此内容参考了新浪网 2009 年的新闻报道"多条高速实行间断放行"（http：//news. si-na. com. cn/o/2009 - 11 - 27/105216678822s. shtml）。

② 此内容参考了安徽网 2013 年的新闻报道"受大雾影响宣广高速间断放行"（http：//www. ahwang. cn/zbah/20131010/1319742. shtml）。

第五节　已有研究的局限性总结

由文献综述可见，目前在浓雾风险的识别、分析、量化和控制方面，已有研究的局限性主要体现在如下几个方面，也是本书研究的重点内容：

一、浓雾条件下的跟驰行为，集中于研究单车道上缩短跟驰距离相关的行为，而对于双车道上相邻车道车辆对跟驰行为影响的研究，尚未发现相关文献。

二、所有研究都止于得到浓雾条件下的风险驾驶行为特征及其影响因素，而关于行为对交通安全和效率等产生多大的影响没有研究。

三、对浓雾条件下驾驶行为的研究成果，还没有应用到实际的交通管理措施中去。

四、高速公路雾区采取的管理控制措施中，针对试行的间断放行措施，需要理论研究得出合理的放行车辆数量以及两次放行之间的时间间距。

第 三 章

浓雾下高速公路追尾事故风险的概念

本章从风险与事故的概念出发，研究了风险与事故的关系，并重点分析了风险叠加造成的危害。为界定本书研究的浓雾下追尾事故风险的范畴，该章定义了相关概念。

第一节　风险与事故的概念

不同的学者根据研究对象的特点，对风险有不同的定义和认识，例如：

一、刘新立[79]总结了不同的风险定义，例如：风险指"工程在使用期间的失事几率"；"下游设计断面的防洪风险即为指定的洪水频率"；"风险是指损失的可能性"，或者说"损失的机会和概率"。

二、风险为某一灾害发生的概率[80]。

三、"施工进度风险是指实际工期超过规定或计划工期的概率"[81]。

四、风险的定义具有多样性[82]。

五、对风险的研究，当前的大多数方法只是求出了相对风险水平，得到的是等级值，没有实际的概率意义[83]。

六、不同的学科对"风险"赋予了不同的含义，"对于风险的定义，学者们一直没有形成统一的认识"[84]。

黄崇福等[85]选取了国际上较有影响的 18 种风险的定义进行分析，结果表明，可能性和概率类的风险定义达到 78%，期望损失类的风险定义为 17%，其余的为概念化公式。

与风险类似，事故也有诸多定义，伯克霍夫（Berckhoff）将其定义为："事故是人（个人或集体）在为实现某种意图而进行的活动过程中，突然发生的、违反人的意志的、迫使活动暂时或永久停止的事件。"[86,87]

可见，风险可能导致事故。但是，风险是如何导致事故的，以及有多种风险因素同时存在时对事故概率的影响，目前还没有一个能让不同的研究领域广泛接受的结论。风险与事故的关系问题，是研究浓雾风险控制措施的基础，下面将对此问题进行详细探讨。

第二节　风险与事故的关系分析

针对风险与事故的关系问题，有学者用定义危险情景（Dangerous Situations，DS）的方法进行了研究[34,66,88-90]。这些研究认为，车辆在行驶过程中，可能会遇到危险的情境，如果驾驶员在遭遇危险情境时，由于注意力不集中等原因，没有及时采取有效的避险措施，就可能导致事故的发生。这说明由风险到事故，需要经过一个过程，如图 3.1 所示。

当有多种风险因素时，所有风险因素都有可能引发危险情境的出现；当危险情境出现时，任何一种风险因素也都有可能将危险情

图 3.1　风险因素与事故的关系

境转化为交通事故。由多种风险因素（因素 R_1，因素 R_2，…，因素 R_n）引发事故的过程如图 3.2 所示。

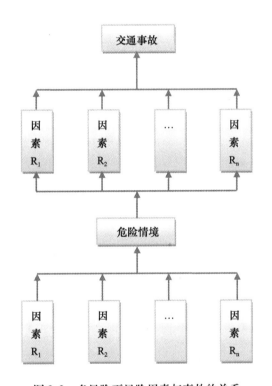

图 3.2　多风险下风险因素与事故的关系

为探讨多风险下风险因素与事故的关系，以及风险叠加对发生交通事故概率的影响，本章定义了相关的各个符号。

（1）事件的符号定义

事件 A 表示发生交通事故，事件 D 表示发生危险情境。

（2）风险因素的符号定义

R_0 代表正常情况时的风险；R_i（$i=1$，2，…，n）表示其他不同的风险因素，并假定风险因素 R_1，R_2，……，R_n 相互独立。

（3）发生危险情境概率的符号定义

P_{d0} 代表正常情况下，汽车行驶过程中发生危险情境的概率；P_{di}（$i=1$，2，…，n）表示其他不同的风险条件下，汽车行驶过程中发生危险情境的概率。

（4）发生危险情境后转化为事故的概率的符号定义

P_{a0} 代表正常情况下，汽车行驶过程中发生危险情境后转化为事故的概率；P_{ai}（$i=1$，2，…，n）表示其他不同的风险条件下，汽车行驶过程中发生危险情境后转化为事故的概率。

由此可以得出不同的风险条件下，发生危险情境的概率为 $P（D \mid R_i）=P_{di}$（$i=0$，1，2，…，n）；由不同的风险条件转化为事故的概率为 $P（A \mid R_i）=P_{di} \times P_{ai}$（$i=0$，$1$，$2$，…，$n$）。

多种风险因素叠加时，由风险转化为危险情境以及事故的表达式，详见式（3—1）和式（3—2）。

$$P（D \mid （R_1 \cup R_2 \cup \cdots \cup R_n））$$
$$=1-（1-P_{d1}）（1-P_{d2}）\cdots（1-P_{dn}） \qquad (3—1)$$
$$P（A \mid （R_1 \cup R_2 \cup \cdots \cup R_n））$$
$$=（1-（1-P_{d1}）（1-P_{d2}）\cdots（1-P_{dn}））$$
$$（1-（1-P_{a1}）（1-P_{a2}）\cdots（1-P_{an}）） \qquad (3—2)$$

为更加直观地说明风险叠加的危害，本章以一个十字路口的交通风险为例，说明两种不同的风险叠加时，事故概率的增大情况。图3.3所示两种不同的风险因素分别为：第1辆车（图中标记为car1）司机处于醉酒驾驶状态，记为 R_1；第2辆车（图中标记为car2）司机经常在该路口闯红灯，记为 R_2。显然，两辆车同时到达路口时，极易发生交通事故。

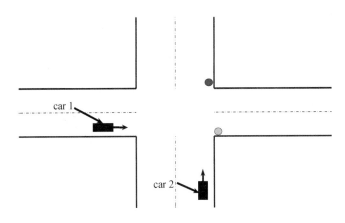

图 3.3 两种不同风险因素的场景示意图

本章研究两辆车同时到达路口的情况下，由两种风险因素引发危险情境和事故的概率，见式（3—3）和式（3—4）。假定 $P_{d0} = 0.001$，$P_{d1} = P_{d2} = 0.01$，$P_{a0} = P_{a1} = P_{a2} = 0.001$，可得正常情况与两种风险条件下发生事故的概率（见图 3.4）。可见，风险叠加会使发生交通事故的概率激增，应当避免多种风险同时存在。

$$P（D \mid （R_1 \cup R_2）$$
$$= 1 - （1 - P_{d1}）（1 - P_{d2}） = P_{d1} + P_{d2} - P_{d1}P_{d2} \quad （3—3）$$
$$P（A \mid （R_1 \cup R_2）$$
$$= （1 - （1 - P_{d1}）（1 - P_{d2}））（1 - （1 - P_{a1}）（1 - P_{a2}））$$
$$= （P_{d1} + P_{d2} - P_{d1}P_{d2}）（P_{a1} + P_{a2} - P_{a1}P_{a2}） \quad （3—4）$$

第三节　浓雾下追尾事故风险的概念

浓雾下高速公路上行车时，除了浓雾风险因素外，驾驶员还可能面临其他风险因素，例如疲劳驾驶、强制换道和落石等。这些风险因素叠加时，必然会使行车风险倍增，其原因可归纳为：

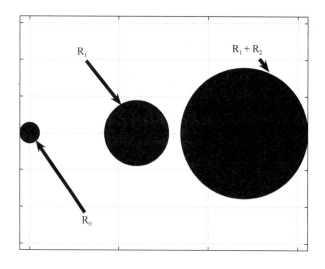

(a) 两种风险因素与正常情况的比较

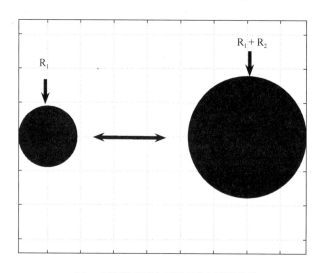

(b) 一种风险因素与两种风险因素的比较

图 3.4　两种风险因素下事故概率的增大情况面积图

（1）由一种风险因素引发的危险情境，可能由另一种风险因素转化为事故；

（2）有的风险因素虽然不增加危险情境，但是它会将其他风险因素导致的危险情境转化为事故；

（3）有的风险因素增加了危险情境，虽然它不会将危险情境转化为事故。

具体来说，浓雾下某辆车在高速公路上行驶时，如下 7 种不同情形，均可导致事故的发生，见图 3.5—图 3.8。图 3.5 所示为浓雾风险因素和其他风险因素均导致了危险情境的出现，并且它们共同将危险情境转化为交通事故；图 3.6 所示为浓雾或其他风险因素单独引发了危险情境，但是浓雾和其他风险因素共同参与将危险情境转化为事故；图 3.7 所示为浓雾和其他风险因素共同引发危险情境，但是在将危险情境转化为事故的过程中，只有浓雾风险因素参与或者其他风险因素参与；图 3.8 所示为浓雾引发危险情境并将其

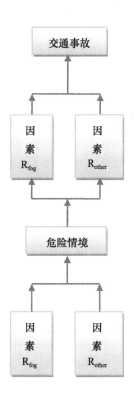

图 3.5　浓雾和其他风险因素共同引发事故

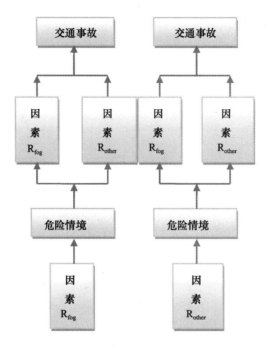

图 3.6　浓雾或其他风险因素单独引发危险情境

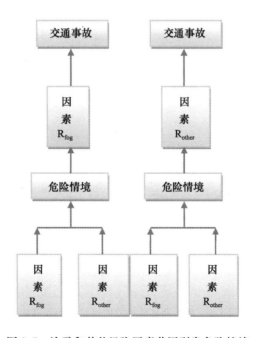

图 3.7　浓雾和其他风险因素共同引发危险情境

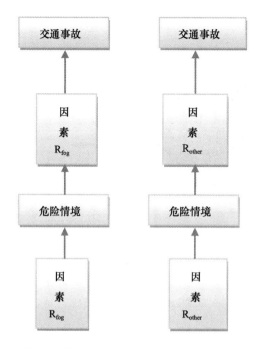

图 3.8　浓雾或其他风险因素单独引发事故

转化为事故，或其他风险因素引发危险情境并将其转化为事故。可见，若浓雾风险因素能够得到有效控制，必然会大大降低行车过程中交通事故发生的概率。

一辆车经过雾区时，若遇到的危险情境次数显著高于正常天气时的危险情境次数，则说明风险明显增大；当采取某种交通管理措施后，一辆车遇到的危险情境次数明显减少，或者与正常天气时的危险情境次数没有显著差异，则说明措施是有效的，可以降低风险。假定浓雾风险因素为 R_1，其他某种风险因素为 R_2，$P_{d0} = 0.001$，$P_{d1} = P_{d2} = 0.01$，$P_{a0} = P_{a1} = P_{a2} = 0.001$，则可知采取浓雾下行车风险控制措施后，发生事故的概率会大大降低，详见图 3.9。

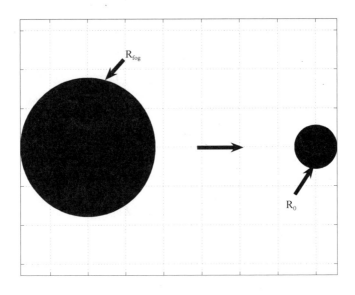

（a）浓雾与正常天气下风险的比较

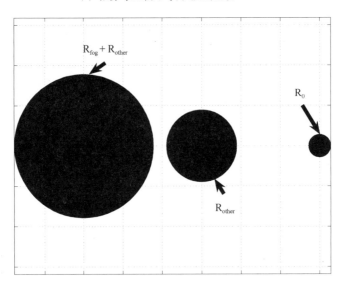

（b）浓雾下多风险叠加的影响

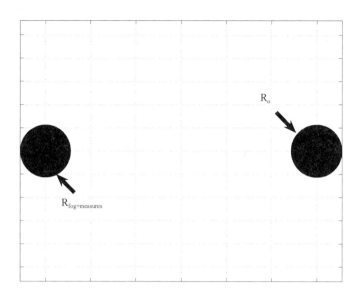

（c）采取措施后与正常天气的风险比较

图 3.9　浓雾下行车风险控制效果面积图

　　浓雾下，受到视距影响，加上驾驶员的驾驶心理和行为与正常天气相比有很大差异，容易造成交通事故。如果在这种风险下，又有其他风险参与进来，则极易发生交通事故。由风险与事故的关系可知，控制住浓雾下发生危险情境的概率，则可以降低浓雾下发生交通事故的风险。

　　综上所述，本书将浓雾下高速公路追尾事故风险定义为：平均每辆车经过雾区时，由发生危险情境导致的追尾事故概率。若实施某种交通管理措施后（例如浓雾下的高速公路间断放行措施），发生危险情境数量显著降低，即可说明措施的有效性。

第 四 章

浓雾环境下驾驶行为研究

第一节　本章引言

据美国联邦公路局报告，美国每年与雾有关的道路碰撞事故中，大约有 600 人死亡和 16300 人受伤[5]。在中国，"据统计，沪宁高速公路上因低能见度浓雾的影响造成的交通事故，大约占事故总数的 1/4 左右，雾天高速公路的事故率是平常的 10 倍"[6]。可见，雾天驾驶，特别是浓雾环境下驾驶极为危险。

为减少雾天道路交通事故的发生，近年来，学者们进行了大量的研究。这些研究通过汽车驾驶模拟器实验、问卷调查或历史数据分析等方式，探讨在能见度降低的条件下，驾驶员的认知、行为的变化和交通事故特点。尤其是浓雾环境下驾驶员的速度和跟车距离方面，出现了许多研究成果。

研究表明，浓雾环境下，驾驶员对速度的感知和选择，与正常天气有差异。Snowden 等[91]基于驾驶模拟器实验研究了浓雾环境下，驾驶员对速度的感知。实验要求被试仅利用油门和刹车，在不知道实际速度的前提下，依据自己对速度大小的判断，把驾驶速度分别调整到 48km/h、80km/h 和 112km/h，然后向主试示意自己认为已经在以目标速度驾驶。结果显示，浓雾条件下，驾驶员的实际速度比目标速度要高很多。说明浓雾下驾驶员自己感知到的速度比实际驾驶速度要低。Mueller 和 Trick[24]运用汽车驾驶模拟器实验，研究了雾天环境下，驾驶经验对速度的影响。结果显示，正常天气条件下，有经验的驾驶员的速度比新手驾驶员的速度更快；在模拟雾的条件下，有经验的驾驶员和新手驾驶员的速度都会下降，但是有经验的驾驶员速度下降更多，最后两类驾驶员的速度趋于一致。

浓雾下驾驶员跟车行为的研究，主要是基于汽车驾驶模拟器实验，研究了浓雾下驾驶员是否愿意跟随前车，以及跟车距离与正常天气下跟车距离的差异。Broughton 等[19]研究了 3 种不同能见度条件下被试的驾驶行为，3 种能见度分别为 492.7m、93.1m 和 40.6m。研究结果表明，浓雾条件下，存在两种不同类型的驾驶员。一种驾驶员，按照自己的节奏开车，不受到其他车辆行为的影响，往往会脱离前车的视线范围，成为慢车；另一种驾驶员，则会与同一车道的前车保持跟车状态。对于后一种驾驶员，浓雾条件下的跟车距离，往往比正常天气时的跟车距离要短，从而增加了追尾交通事故发生的风险。Caro 等[20]研究发现，在浓雾条件下开车，驾驶员缩短跟车距离，这样可能得到感知控制效益。Saffarian 等[23]运用驾驶模拟器研究了驾驶员在雾天缩短跟车距离的行为。实验的被试数量为 27，包含 22 位男性和 5 位女性，他们拥有驾照的时间最短为 6个月。结果表明，浓雾条件下，有 3 位被试脱离了前车视线范围，成为慢车，其他被试的跟车距离明显比正常天气时要短。段冀阳[30]对浓雾条件下驾驶员缩短跟车距离行为的解释为：在浓雾条件下，道路上的车辆在较近的距离范围内才会显现出来，后车驾驶员为了增加视野中稳定的部分，从而获得更多的安全感，所以会有缩短跟车距离的行为发生。

还有学者重点研究了年龄对在浓雾下跟车行为的影响。Ni 等[21]

研究了浓雾条件下年龄对跟车距离的影响。该研究将被试分为老龄组和年轻组，老龄组的平均年龄为 72.6 岁，年轻组的平均年龄为 21.1 岁。在实验车的前方有一辆引导车，实验车和引导车之间的初始间距为 18 米，引导车的速度变化时，要求实验车通过自身速度的变化来调节车头间距。研究结果表明，浓雾条件下，无论是老龄组的驾驶员还是年轻组的驾驶员，其车头间距都会比正常天气时要短；相对而言，老龄组驾驶员的车头间距比年轻组驾驶员的车头间距更小，说明在浓雾条件下老龄人的驾驶风险更大。Ni 等[22] 的研究结果表明，雾天条件下，老龄驾驶员感知是否即将发生碰撞事故的能力，小于年轻驾驶员，导致发生追尾碰撞事故的风险上升。

另外，有学者做了一些与雾有关的其他研究。例如，Brooks 等[5] 研究了不同能见度条件下，驾驶员车道保持能力的差异。该研究选取了 77 位学生作为被试，参与汽车驾驶模拟器实验。结果表明，在 6 种不同的能见度条件下，仅仅在能见度低于 30m 时，驾驶员的车道保持能力才会降低。Abdel-Aty 等[29] 运用美国佛罗里达州 2003～2007 年的碰撞事故数据，研究了由于雾和烟引起的能见度降低导致的交通事故。结果表明，每年 12 月到 2 月份的早晨是与雾和烟有关的碰撞事故的高发时间。事故主要发生在高速公路、无分隔带的道路和双车道农村公路上。与正常天气相比，与雾和烟有关的碰撞事故更多的是多车相撞的严重事故，主要形式为正面相撞和追尾。Hassan 和 Abdel-Aty[25] 在美国佛罗里达州中部对 566 位驾驶员进行了自陈式问卷调查，运用探索性因子分析和结构方程模型研究。结果表明，在不同的雾天条件下，驾驶员对可变限速和可变信息标志的满意程度，决定于对建议或警告信息的遵守程度。

在基于驾驶模拟器实验研究浓雾下驾驶行为的文献中，过去往往假定道路为单车道。在关注其他车道车辆对驾驶员行为的影响方面，尚未发现相关成果。实际上，通过对一些有经验的驾驶员的访谈得知，独自一辆车在浓雾中行驶，往往会感觉十分困难；其他车道车辆的出现，会对驾驶员的行为产生一定的影响，比如有驾驶员会选择与相邻车道车辆结伴前行，以减轻独自前行的恐慌感。因此，本书采用驾驶模拟器实验，结合问卷调查和访谈的方式，对比研究不同能见度条件下其他车道车辆行为对驾驶员的影响，并分析其成因，深入研究浓雾条件下驾驶行为的影响因素。而且，为探索矫正浓雾下驾驶员缩短跟车距离行为的方法，本书设计了一种基于智能交通系统的方案，即在被试自由行驶时提供安全的建议速度值，跟车行驶时提供建议跟车间距值并显示实时跟车距离，通过汽车驾驶模拟器实验，研究该方案的效果，为矫正措施的制定提供依据。

第二节　方法

一　驾驶模拟器

本书实验在清华大学工业工程系模拟驾驶实验室完成。该实验室的驾驶模拟器是一个固定基座式宽屏驾驶仿真平台，由硬件部分（包括驾驶舱、投影显示系统等）和软件部分（包括模拟交通场景、记录数据的模块等）组成，见图4.1。模拟驾驶舱是由一辆真车改装而成（2000年产的韩国Daewoo轿车），见图4.2。关于此驾驶模拟器的其他详细介绍，可参考相关文献[92]。

二　模拟交通场景

模拟的道路场景为单向两车道高速公路，设计标准为中华人民共和国交通部发布的《公路工程技术标准》（JTG B01 - 2003）[94]。

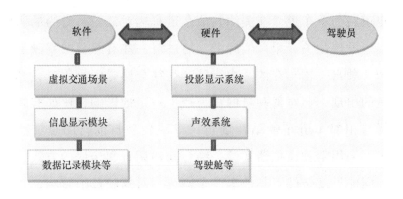

图 4.1 驾驶仿真平台的结构示意图[92]

图 4.2 驾驶模拟器的实景图[92]

交通场景还包含公路周边建筑物和绿树等风景，使场景更加逼真。场景共分为 3 个实验路段和 1 个缓冲路段（见图 4.3），每个路段长度见表 4.1[30]。在路段 I 前，有一段 200m 长的缓冲路段，用于被试车辆的起步加速。外侧车道记为车道 1，里侧车道记为车道 2。本实验中，道路长度属于控制变量。

缓冲路段	路段 I	路段 II	路段 III
	车道2		→
	车道1		→

图 4.3 路段设置

表 4.1　　　　　　　　道路场景的各个路段长度

路段	缓冲路段	I	II	III
长度	200m	1500m	2000m	1500m
行驶状态	自由行驶	自由行驶	跟车行驶	自由行驶
引导车	无引导车	无引导车	有引导车	无引导车
最高限速	无限速	无限速	40km/h（引导车速度）	无限速

被试车辆在车道 1 行驶，进入路段 I 时，前面没有车辆；在距离路段 II 起点前 20 米处，车道 1 停驻等待的引导车辆开始运行，加速至 40km/h，保持到路段 II 结束；当被试车辆到达路段 III 时，引导车减速并停到路肩。

三　浓雾能见度的标定

根据中华人民共和国公安部发布的《关于加强低能见度气象条件下高速公路交通管理的通告》，高速公路的能见度低于 50m 时，交通管理部门可以封闭高速公路[18]。实际上，目前，能见度约 50 米时，我国有些地区有实行间断放行措施的先例。因此，本书选取了略低于该通告规定 50m 的 48m 作为浓雾下最大的能见度。在进行驾驶模拟器实验时，为尽可能得到有显著差异的结果，自变量的最大值与最小值可以设置为倍数关系[30]。因此，本书取与 48m 成倍数关系的 24m 能见度为最小能见度，以观察采取不同能见度时模拟驾驶实验结果是否有显著差异。为进一步对结果深入比较，本书还增加了 36m 能见度。

本书选取 7 个视力或者矫正视力正常的实验室人员，参与标定雾的能见度。以 48m 能见度的标定过程为例，在一条没有弯道的高速公路上，停一辆轿车，轿车和实验人员的距离设定为 48m，调整能见度参数，使实验人员刚好能够看见车辆的轮廓为止，记录下参数值。取 7 个实验人员所得参数值的平均值，作为获取 48m 能见度的参数值。然后，用同样的方法，分别得到 36m 和 24m 能见度的参数值。图 4.4 为不同等级能见度对比示意图。其他学者[5]运用了类似的方法标定雾的能见度。

(a) 正常天气

(b) 48米能见度

(c) 36米能见度

(d) 24米能见度

图 4.4　不同等级能见度标定结果对比示意图

四　被试与分组设计

本书共选取了 64 名被试参与实验。被试的招募通过两种途径完成，分别为网络招募和在路上发传单。招募时要求被试年龄在 25 周岁至 45 周岁之间，驾龄在 2 年以上，驾驶总里程在 5000 公里以上，视力或者矫正视力正常。对 64 名被试的信息统计得到，共有 53 名男性，11 名女性。被试的平均年龄为 33.1 岁（标准差为 5.16 岁），平均驾驶里程为 7.4 万公里（标准差为 10.2 万公里），平均驾龄为 5.8 年（标准差为 3.6 年）。平均每个被试参与实验的时间大约 60 分钟（其中在车上完成正式实验的时间大约为 30 分钟），实验报酬为 100 元人民币。如果被试由于身体原因或者无法熟练操作驾驶模拟器，没有顺利完成实验的，也会给被试 10 元的交通费用。被试在实验过程中，会被要求其驾驶行为与平时一致。

64 名被试被分成了 4 组，每组 16 人，每组被试参与不同的实验场景，详见表 4.2。第 1 组（NLNC）场景中车道 2 没有车辆，即驾驶员不受到相邻车道车辆的影响。本书设置这个场景，是为了验证 Broughton 等[19]研究浓雾下单车道上驾驶行为时的发现。第 2 组（NLLS）和第 3 组（NLHS）场景中车道 2 有以低速（20km/h）或高速（60km/h）匀速行驶的车辆，是为了研究浓雾下相邻车道车辆对驾驶行为的影响。为探讨矫正浓雾下驾驶员风险行为的干预方案，本实验设置了第 4 组（IFPD）场景，在被试车辆自由行驶阶段，屏幕上会给出推荐的速度；在跟车行驶阶段，给出跟车距离的推荐值，并在屏幕上显示当前的实时跟车距离，详见表 4.3 和图 4.5。每组被试在性别、年龄、驾龄、总驾驶里程、视力水平等方面做了平衡。

表 4.2   4 组被试参与的实验场景描述

组别	描述
第 1 组（相邻无车）	车道 2 没有车辆（Neighbor Lane with No Car, NLNC）
第 2 组（相邻低速）	车道 2 有以 20km/h 的速度匀速行驶的车辆（Neighbor Lane with Low Speed car, NLLS）
第 3 组（相邻高速）	车道 2 有以 60km/h 的速度匀速行驶的车辆（Neighbor Lane with High Speed car, NLHS）
第 4 组（信息提供）	提供建议速度和建议车头间距（Information Provide, IFPD）

表 4.3   被试的速度和车头间距建议值

能见度	路段 I 和 III 的建议速度	路段 II 的建议车头间距
24m	15km/h—25km/h	50m—60m
36m	25km/h—35km/h	50m—60m
48m	35km/h—45km/h	50m—60m
正常天气	90km/h—120 km/h	50m—60m

(a)   (b)

图 4.5　第 4 组的实验场景。（a）能见度为 48m，左上角"35km/h—45km/h"
表示建议速度，下方"39km/h"表示瞬时速度；（b）能见度为 36m，
左上角"50m—60m"表示建议车头间距，下方"58m"表示瞬时车头间距，
"39km/h"表示瞬时速度

在 4 组被试的性别比例上，本研究尽量让女性驾驶员均匀分配
到每一组，4 组被试的女性驾驶员数量分别为 2、3、3 和 3。

单因素方差分析结果表明，4 组被试在年龄、驾龄、驾驶总里程和视力水平等方面都没有显著差异（$p > 0.05$），多重比较结果详见表 4.4。

表 4.4 各组间统计信息的多重比较

组别	组别	年龄显著性（p）	驾龄显著性（p）	驾驶总里程显著性（p）	视力水平显著性（p）
第 1 组	第 2 组	0.503	0.667	0.264	0.674
	第 3 组	0.687	0.328	0.488	1.000
	第 4 组	0.840	0.199	0.476	0.295
第 2 组	第 3 组	0.788	0.582	0.668	0.674
	第 4 组	0.385	0.390	0.070	0.528
第 3 组	第 4 组	0.546	0.756	0.162	0.295

本书采用 4×4 的混合设计。能见度为 4 个水平，分别为 24m、36m、48m 和正常天气，属于组内变量；NLNC、NLLS、NLHS 和 IFPD 等 4 组，属于组间变量。

五 实验过程

被试在参与实验的前一天，会被确认视力或者矫正视力是否正常；如果被试平时戴眼镜，实验时也被要求戴眼镜。被试来到实验室后，按下列步骤完成实验：（1）填写一份简单的个人信息表，包括性别、年龄、驾龄、驾驶里程和学历等；（2）签署知情同意书；（3）主试用统一的 PPT 介绍实验的基本内容和注意事项；（4）被试被要求现场测试视力，视力表采用的是中国的 2011 版标准视力表；（5）被试通过视力测试后，有一个熟悉驾驶模拟器的练习。练习场景共分为 3 个阶段。第一个阶段是要求被试保持在同一个车道上行驶，不允许压线；第二个阶段是让被试跟车行驶，前车速度时有变化，使被试熟悉油门与刹车；第三个练习是让被试可以自由换道，以熟悉方向盘；（6）当被试能够熟练地完成这些操作并报告可以正式开始时，被试被分到某一组，进入正式实验环节。

正式实验时，被试不能变换车道或超车。每个被试都需要完成某一组的4个场景，包括正常天气、48m、36m和24m能见度的场景。每完成一个场景，被试被要求至少休息5分钟。休息期间，为测量被试在完成模拟驾驶任务时的劳动负荷，被试需要根据刚结束的模拟驾驶任务完成驾驶负荷量表（NASA-TLX），量表见附录[93]。NASA-TLX包含脑力需求、体力需求、时间需求、业绩水平、努力程度和受挫程度六个维度负荷的评估，通过对这六个维度的负荷有权重的打分，得出一个综合的驾驶负荷分数[95]。此外，被试还需对自己的驾驶自信程度和行为的真实性做出评价。4个场景结束后，被试会对完成的4个场景做出总体评价。采用的量表，最高分为10分（表示完全同意），最低分为0分（表示完全不同意）。问卷的设置参考了Groot等学者的研究[96]。

为了尽量减小正常天气、48m、36m和24m能见度的场景出现顺序不同引起的顺序效应，实验对4个场景的出现顺序采用拉丁方设计[23]，见表4.5；而且，在每一个场景开始前，都会提醒被试每个场景可能与其他场景不同。

表4.5　　　　　　　　　　　4阶拉丁方设计表

顺序编号	A	B	C	D
A	正常天气	24米能见度	36米能见度	48米能见度
B	24米能见度	正常天气	48米能见度	36米能见度
C	36米能见度	48米能见度	24米能见度	正常天气
D	48米能见度	36米能见度	正常天气	24米能见度

六 数据分析

实验数据主要包括速度和跟车距离，采集频率为 30 赫兹（Hz），即每秒钟采集 30 个数据。为尽量得到被试在稳定状态时的驾驶行为，每个被试在自由行驶时的速度值，取路段 I 第 300m 到 1100m 之间数据的平均值；在跟车行驶时的车头间距值，则取路段 II 第 300m 到 1100m 之间数据的平均值。本书主要采用了双因素混合设计方差分析，在 IBM SPSS Statistics 20 软件上运行，以能见度作为组内变量（Within-Subject Factor），其中水平数（number of levels）设置为 4；以组别作为组间变量（Between-Subject Factor）。本研究中，均值差的显著性水平均设为 0.05。

第三节 实验结果

一 速度

方差分析结果表明，组别、能见度以及两者的交互作用对自由行驶速度的影响都是显著的，组别：$F(3, 60) = 23.203$，$p < 0.001$；能见度：$F(1.80, 107.73) = 597.316$，$p < 0.001$；两者交互作用：$F(5.39, 107.73) = 8.474$，$p < 0.001$。如图 4.6 所示，第 1 组（相邻无车）被试在 4 种不同的能见度条件下，自由行驶的速度随着能见度的提高而上升。而且，各个能见度之间，速度均有显著差异。在 48m 能见度与 36m 能见度下被试速度差异的显著性为 $p = 0.015$，在 36m 能见度与 24m 能见度下被试速度差异的显著性为 $p = 0.029$，其余均为 $p = 0.000$，见表 4.6。

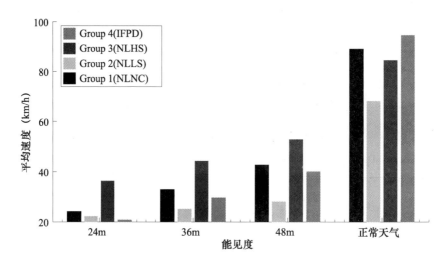

图 4.6　组间自由行驶速度的比较

表 4.6　　　　　　　　　　　不同能见度下速度的多重比较

能见度	能见度	显著性 （第 1 组）	显著性 （第 2 组）	显著性 （第 3 组）	显著性 （第 4 组）
24m	36m	0.029	0.424	0.040	0.000
	48m	0.000	0.119	0.000	0.000
	正常天气	0.000	0.000	0.000	0.000
36m	48m	0.015	0.441	0.027	0.000
	正常天气	0.000	0.000	0.000	0.000
48m	正常天气	0.000	0.000	0.000	0.000

　　不同组别及浓雾条件对速度差异变化影响的方差分析，见表 4.7。在 4 种不同的能见度条件下，第 2 组（相邻低速）被试的速度均小于第 1 组（相邻无车）被试的速度；浓雾环境下，第 3 组（相邻高速）被试的速度均大于第 1 组被试的速度；而第 4 组（信息提供）与第 1 组被试的速度差别不大。说明浓雾条件下，车道 2 的速度较慢时（20km/h），被试倾向于以较慢的速度行驶；车道 2 的速度较快时（60km/h），被试倾向于以较快的速度行驶。交通流

中，如果各个驾驶员之间的速度差异较大，则易发生事故。因此，这部分研究还分析了各组内被试速度的差异，即各组的 16 个被试在相同条件下，其速度的标准差，见图 4.7。虽然建议速度对被试的平均速度没有显著影响，但是在 36m 和 48m 能见度浓雾下被试速度的标准差变小。例如，48m 能见度下，第 1 组被试的速度均值为 42.69，标准差为 8.20，第 4 组被试的速度均值为 40.06，而标准差仅为 2.99。

表 4.7   速度的方差分析表

方差来源		F 值	p 值
能见度	24m	17.287	0.000
	36m	15.967	0.000
	48m	38.394	0.000
组别	NLNC	150.061	0.000
	NLLS	82.432	0.000
	NLHS	77.548	0.000

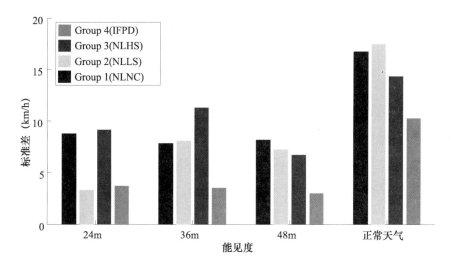

图 4.7   组间自由行驶速度的标准差比较

二 跟车距离

实验数据分析结果表明，浓雾条件下，出现了如同其他学者[19,23]所描述的现象，一些驾驶员倾向于按照自己的节奏开车，不受到其他车辆行为的影响，完全脱离前车的视线范围，且与前车距离不断增大，成为慢车，详见表4.8。从表4.8可见，正常天气下，4组实验均没有慢车出现；随着能见度的降低，慢车的数量逐渐增加。

表4.8   不同组别的慢车数量

组别	24m能见度	36m能见度	48m能见度	正常天气
第1组（相邻无车）	6	2	1	0
第2组（相邻低速）	8	4	1	0
第3组（相邻高速）	1	0	0	0
第4组（信息提供）	2	0	0	0

因为慢车不处于跟车行驶的状态，所以下面对跟车距离的分析，不包含慢车。48米、36米和24米浓雾能见度下被试跟车距离的组间比较详见图4.8—图4.10。

每组被试跟车距离的均值如图4.11所示。方差分析表明，组别、能见度以及两者的交互作用对跟车距离的影响都是显著的，组别：$F (3, 43) = 59.710$，$p < 0.001$；能见度：$F (2.18, 93.67) = 42.950$，$p < 0.001$；两者交互作用：$F (6.54, 93.67) = 10.296$，$p < 0.001$。

另外，分析结果还表明，在浓雾天气条件下，不同组别对跟车距离的影响是显著的，24m：$F (3, 43) = 51.59$，$p < 0.05$；36m：$F (3, 54) = 51.142$，$p < 0.05$；48m：$F (3, 58) = 37.512$，$p < 0.05$）。但是，在正常天气下，各组驾驶员跟车距离的差异性不具

有统计学意义，正常天气：$F(3,60) = 1.243$，$p = 0.302$。

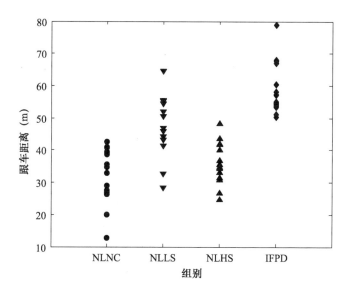

图 4.8　被试在 48 米能见度下跟车距离

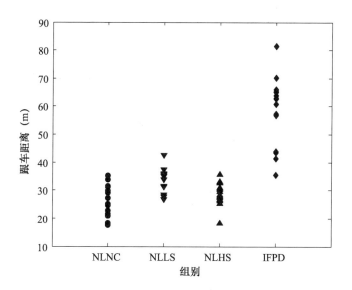

图 4.9　被试在 36 米能见度下跟车距离

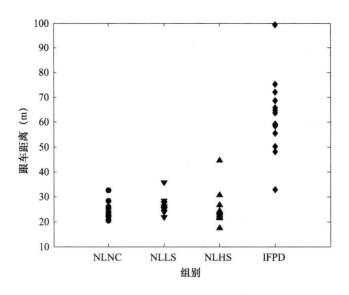

图 4.10   被试在 24 米能见度下跟车距离

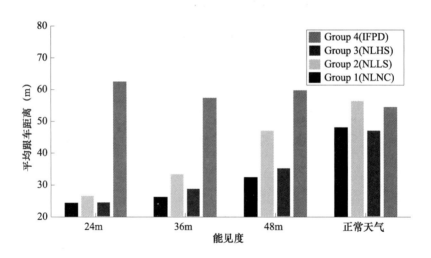

图 4.11   跟车距离的组间比较

对于第 1 组（相邻无车）、第 2 组（相邻低速）和第 3 组（相邻高速），能见度对跟车距离具有显著影响，相邻无车：F（1.19，10.72）= 12.480，$p < 0.05$；相邻低速：F（1.32，9.24）= 36.870，$p < 0.001$；相邻高速：F（1.53，21.4）= 23.146，$p <$

0.001。但是，对于第 4 组（信息提供），各组驾驶员在不同能见度下的跟车距离不具有统计学差异，$F_{(1.80, 23.4)} = 1.520$，$p = 0.239$。说明基于智能交通系统的矫正方案的实施，可以矫正浓雾下驾驶员缩短跟车距离的行为。

第 1 组（相邻无车）被试的跟车距离，随着能见度的降低而变短。正常天气时被试的跟车距离，与 48m 能见度、36m 能见度和 24m 能见度时的跟车距离有显著差异，显著性分别为 $p = 0.002$、$p = 0.000$ 和 $p = 0.000$。这个结果，印证了 Broughton 等学者[19,20,23] 所描述的浓雾下驾驶员会缩短跟车距离的结论。

正常天气下，4 组被试的跟车距离没有显著差异（$p > 0.05$）。通过进一步比较可知，48m 能见度时，第 2 组（相邻低速）与第 3 组（相邻高速）被试的跟车距离有显著差异（$p = 0.000$），结合图 4.11，我们可以得出，相邻车道车速相对较小时，被试的跟车距离会相对较大。

三 问卷结果分析

问卷统计结果发现，对于第 1 组（相邻无车）、第 2 组（相邻低速）和第 3 组（相邻高速）的被试，所得到的 NASA-TLX 得分平均值，都有同样的规律，即随着能见度的降低，NASA-TLX 得分平均值逐渐升高，如图 4.12 所示。可见，在浓雾环境里驾驶，驾驶员需要付出更多的精力，也更容易疲劳。矫正浓雾下驾驶员风险行为的方案，并没有使被试的驾驶负荷有显著变化。方差分析结果表明，第 1 组和第 4 组（信息提供）被试 NASA-TLX 得分，在 24m、36m 和 48m 能见度下的显著性分别为 $p = 0.278$、$p = 0.668$ 和 $p = 0.483$。相比之下，第 4 组被试的脑力需求和体力需求的权重有所增加，但是努力程度和受挫程度的权重都降低了。说明基于智能交通系统的方案的实施后，虽然让被试多付出了脑力和体力，但是需要付出的努力变少，而且对模拟驾驶任务的满意程度会提高。图4.13 显示的是 48m 能见度下，第 1 组和第 4 组被试的 NASA-TLX 得分六维权重比较。

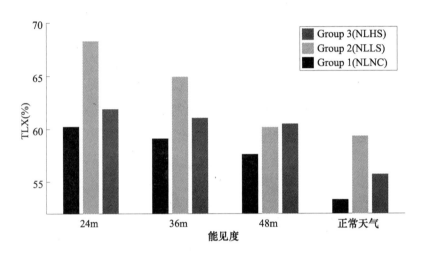

图 4.12　被试的驾驶负荷（TLX）比较

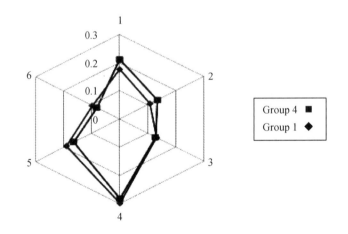

图 4.13　48m 能见度下，第 1 组和第 4 组被试的 NASA-TLX 得分
六维平均权重比较。（图中：1 脑力需求；2 体力需求；3 时间需求；
4 业绩水平；5 努力程度；6 受挫程度。红色：第 4 组；
蓝色：第 1 组）

　　虽然在浓雾下，第 1 组（相邻无车）、第 2 组（相邻低速）和第 3 组（相邻高速）被试的跟车距离比正常天气时要短，但是问卷结果显示，有 23 名（47.92%）被试认为，正常天气时，自己与前车所保持的跟车距离更短，还有 10 名（20.83%）被试认为自己在浓雾下与前车所保持的跟车距离与正常天气时所保持的跟车距离差不多。仅有 15 名（31.25%）被试认为在正常天气时，自己所保持的跟车距离更长。而且，浓雾下，他们对"自己能够合理地进行驾驶操作的能力感到自信"，问卷结果详见表 4.9。说明浓雾下，被试对自己的跟车距离的判断可能存在错觉，没有感知到自己缩短跟车距离的风险驾驶行为。

表 4.9　　　　　　　　　　　　　　被试自信程度的分值

组别	24m 能见度	36m 能见度	48m 能见度	正常天气
第 1 组（相邻无车）	6.88	7.25	7.5	7.31
第 2 组（相邻低速）	7.19	7	7.5	7.69
第 3 组（相邻高速）	7.56	7.38	7.69	8.63
第 4 组（信息提供）	6.75	7	7.5	7.56

　　另外，对于问题"在浓雾天气下开车时，我会比平时更加小心，少做与驾驶无关的事情（比如打电话、喝饮料和吸烟）"，第 1 组到第 3 组被试的得分平均值分别为 8.69，9.31，9.06，说明被试能够意识到浓雾下开车是危险的，并减少分心行为来尽量保证安全。对于问题"在浓雾天气下，一旦上高速公路，因为感觉危险，所以就想早点驶离高速公路"，第 1 组到第 3 组被试的得分平均值分别为 7.94，7.19，7.44，说明被试存在早点驶离雾区的愿望。

第四节　讨论

本书通过驾驶模拟器实验结合心理测量的方法，对雾天相邻车道车辆对被试行为的影响进行了研究。从数据分析结果可见，浓雾下，被试容易受到其他车道车辆的影响。为探索矫正浓雾下驾驶员缩短跟车距离的行为的方法，设计了一种具有建议速度和跟车距离提示功能的方案，通过汽车驾驶模拟器实验得知，该方案具有一定的效果，可以为矫正措施的制定提供依据。

1997 年，中华人民共和国公安部发布了《关于加强低能见度气象条件下高速公路交通管理的通告》[18]。根据该通告[18]，高速公路的能见度低于 50m 时，交通管理部门可以封闭高速公路。但是，封路会带来很大的经济损失。为尽量减少一些不必要的封路，本书重点探讨了 50m 能见度下的驾驶员的行为和心理。另外，根据该通告，能见度小于 100m 大于 50m 时，驾驶员与同一车道前车的距离需要控制在 50m 以上，而且必须以不超过 40km/h 的速度驾驶。考虑到车辆性能的逐年提高，本书取前导车速度为 40km/h。基于智能交通系统的方案中，跟车距离的最小建议值为 50m；根据和被试的访谈结果可知，对于速度和跟车间距的建议值，他们更倾向于接受区间范围值。

本书中，在正常天气和浓雾天气下，前导车的速度均控制为 40km/h。因此，在两种天气下，被试跟随前车行驶时，其平均速度是没有差异的，而从图 4.11 可知，被试的跟车距离在浓雾下会更短。对浓雾下驾驶员能够看见前车时，缩短跟车距离的行为（见图 4.8 的 NLNC 组），研究者们做出了解释。Caro 等[20]认为驾驶员可能会从该种行为中得到感知控制效益（perceptual control benefit）；赵佳[27]认为驾驶员对前方车辆行驶状态的认知能力在雾天环境下会下降,所以会有缩短跟车距离的行为;段冀阳[30]认为浓雾条件下驾驶员缩短跟车距离的行为,可以增加视野中稳定的部分,从而获得更多的安全感。可见,不同的研究者均认为是驾驶员认知的原因,导致其缩短了跟车距离。本书实验结束后的问卷调查结果也显示,虽然浓雾下,第1组(相邻无车)、第2组(相邻低速)和第3组(相邻高速)被试的跟车距离实际上比正常天气时要短,然而,大部分被试对跟车距离具有错误的判断。由此,我们可以推断,浓雾下驾驶员看见前车时,由于认知的局限性(即:可能没有意识到自己在浓雾下的跟车距离更短,并认为自己所保持的跟车距离对自己是有益的),导致了其发生缩短跟车距离的风险驾驶行为。

从图4.6可见,浓雾条件下,第1组(相邻无车)被试的速度低于第3组(相邻高速)被试的速度。其原因可解释为,第3组的场景中,车道2的车速为60km/h,一些被试为与车道2车辆结伴前行,所以会有意加快速度,获得更多的安全感;正常天气下,被试的车速远远大于60km/h,车道2的车速为60km/h,反而会影响车道1的车速,使其车速小于第1组被试的速度。

对于第1组(相邻无车)、第3组(相邻高速)和第4组(信息提供)的被试,在不同能见度下,其速度有显著差异(见表4.6)。被试的可视距离随着能见度的上升而变远,其速度会显著增大。对于第2组(相邻低速)而言,正常天气和浓雾天气下的被试速度也有显著差异。但是,第2组被试的速度在不同能见度的浓雾之间没有显著差异。这是因为,浓雾下,相邻车道车速很低时,被试倾向于与相邻车道车辆结伴前行,均按照很低的速度行驶(7m/s左右)。因此,第2组被试的速度在不同浓雾能见度条件下无显著差异。

从图4.11可见,36m和48m能见度条件下,第1组(相邻无车)被试的跟车距离均小于第2组(相邻低速)和第3组(相邻高速）被试的跟车距离。实验结束后，与被试的交流得知，浓雾下车道2上没有车辆时，他们只能依靠引导车来确定跟车距离。但是，相邻车道有车时，除了引导车外，相邻车道车辆也可以辅助他们来确定跟车距离，从而对跟车距离的选择会更加理性。

招募被试时，虽然已经要求其视力或者矫正视力正常，但是难免有被试对自己目前的视力状况不清楚。考虑到浓雾条件下驾驶，与被试的视力水平密切相关。所以，本书现场测试了被试的视力。视力测量采用的是标准对数视力表（GB 11533 - 2011）。测试结果表明，被试的视力水平虽然都合格（视力或者矫正视力均不低于4.9），但是还是存在一定的差异，见图4.14。本书在分组时，充分考虑到了这种差异，统计结果显示，被试的视力水平在组间没有显著差异。

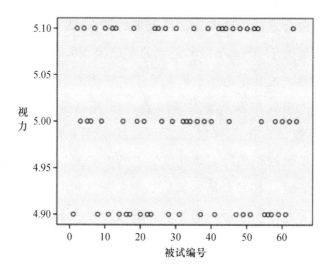

图4.14　被试的视力水平

年龄对驾驶行为有一定的影响。Horberry 等[97] 的驾驶模拟器实验，将25岁以下的被试作为年轻组，30—45岁的被试作为中年组，

60—75 岁的被试作为老年组。Glendon 等[98]的实验将 18—25 岁的被试作为年轻组，45—60 岁的被试作为年长组。Quimby 和 Watts[99]以及 Deery[100]的研究结果都显示，25 岁以下的年轻驾驶员，其行为与年长的驾驶员差别较大。因此，为尽量减小年龄差异对实验的影响，本书取 25—45 周岁的驾驶员作为被试（以被试的自我报告和身份证为准），被试的年龄分布如图 4.15 所示。

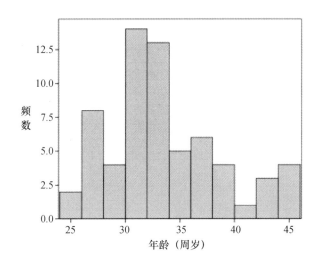

图 4.15　被试的年龄分布

由于存在一些驾驶员，虽然拥有驾驶证，却很少开车，这样的驾驶员在实验过程中，学习效应会比较明显。因此，在要求被试驾龄至少为 2 年的基础上，增加了驾驶里程至少为 5000 公里的限制，以保证所有被试都有一定的实际驾驶经验，能够熟练操作驾驶模拟器，尽量减少组内变量的学习效应。本次招募被试的驾龄与驾驶里程，见图 4.16 和图 4.17。可见，被试的驾龄和驾驶里程并不成正比。

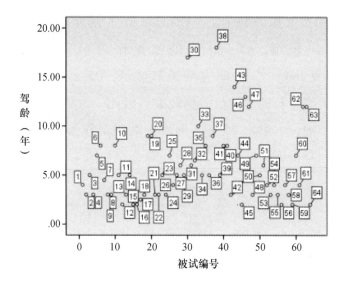

图 4.16 被试的驾龄

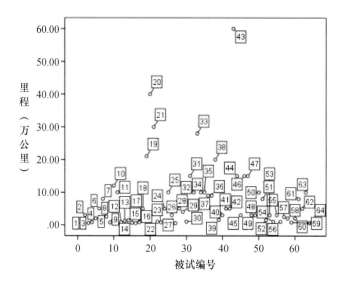

图 4.17 被试的驾驶总里程

另外，本书对实验中前 3 组被试驾驶行为的真实性做了检验（量表最高分为 10 分，最低分为 0 分）。"在平时开车时，类似环境下，我也会保持刚才实验时的驾驶速度"，被试的同意程度见表

4.10。"在平时开车时，类似环境下，我与前车也会保持刚才实验时的跟车距离"，被试的同意程度见表 4.11。由表 4.10 和表 4.11可知，被试的模拟驾驶行为是接近他们的真实驾驶行为的。

表 4.10　　　　　　　　　　　　速度的真实性得分

组别	24m 能见度	36m 能见度	48m 能见度	正常天气
第 1 组（相邻无车）	7.5	7.25	7.38	7
第 2 组（相邻低速）	7.56	7.31	7.19	7.75
第 3 组（相邻高速）	7.44	7.75	7.81	6.81

表 4.11　　　　　　　　　　　　跟车距离的真实性得分

组别	24m 能见度	36m 能见度	48m 能见度	正常天气
第 1 组（相邻无车）	7.13	7.31	7.13	7.19
第 2 组（相邻低速）	7.25	7.56	7.44	8.44
第 3 组（相邻高速）	7.19	7.56	7.81	7.44

第五节　本章小结

　　本章通过汽车驾驶模拟器实验，结合问卷调查和访谈，研究了浓雾环境下单向两车道高速公路上相邻车道车辆对被试行为的影响，以及矫正浓雾下被试缩短跟车距离行为方案的有效性。

　　研究发现，无论相邻车道是否有车，浓雾下被试的跟车距离都会缩短。相邻车道有车辆时，浓雾下，被试会趋向于与相邻车道车辆结伴前行。相邻车道车速相对较小时，被试自由行驶的平均速度也相对较小，但跟车距离会相对较大。说明相邻车道车辆的行为，对被试行为也有一定的影响。

　　浓雾天气下开车时，被试会意识到危险的存在，所以会比正常天气时开车更加小心，少做与驾驶无关的事情。另外，他们认为能看见同一车道的前车，比不能看见时感觉要更安全一些。遗憾的是，大部分被试没有意识到在浓雾下缩短了跟车距离，以及由此所带来的风险。虽然交通安全教育或者道路上的信息板提示驾驶员要在浓雾下保持合适的跟车距离，但是，由于浓雾下驾驶员的认知局限，使他们认为自己所保持的合适距离，实际上为比正常天气时要短很多的跟车距离。浓雾下缩短跟车距离的行为，往往比较容易产生追尾交通事故。因此，需要一种科学的方案来矫正驾驶员的这种风险行为。

　　本书设计的矫正浓雾下驾驶员风险行为的方案，在被试自由行驶时提供建议速度值，跟车行驶时提供建议跟车间距值并显示实时跟车距离。结果显示，该方案可以使浓雾下驾驶员的速度差异变小，而且正常天气时的跟车距离和浓雾下的跟车距离没有显著差异，被试不再无意识地缩短跟车距离。实际中，跟车距离的增大，会降低发生追尾交通事故的风险。可见，该方案是有效的。

第 五 章

高速公路单车道间断放行措施研究

第一节 本章引言

浓雾条件下，为保障交通安全，高速公路频繁地采取封路措施。封路不仅严重影响人们的出行，而且带来很大的经济损失。

高速公路的封路，使受影响的车辆被迫转移到更低等级的公路上，带来的交通安全问题更为严重。为避免封路带来的各种损失，同时兼顾交通安全，一些地区在浓雾天气条件下，不采取封路措施，而是采用间断放行的通行措施。典型的一种间断放行措施是，交通管理部门按照一定时间间距放行一定数量的小型车辆。放行车辆中不包含危险品运输车辆和货车，而且，放行过程中不允许超速、超车和换道等行为发生。间断放行措施，需要确定两个重要的参数，即一次间断放行的车辆数量和车队之间的放行间距，以保证交通安全。为确定合理的放行数量和间距，应该理解浓雾条件下驾驶员的驾驶行为特征。在浓雾条件下，驾驶员的驾驶行为与晴朗天气条件下的行为差别很大[19,20]。

浓雾条件下的驾驶行为，可以通过交通流元胞自动机模型来模拟。元胞自动机是一种时间、空间和状态都离散的动力学系统模型，Wolfram 提出的 184 号元胞自动机规则可以用来描述交通流中的车辆运动[36]。作为对 184 号规则的推广，1992 年 Nagel 和 Schreckenberg 提出 Nagel-Schreckenberg（NaSch）一维元胞自动机模型，Biham 等人在同年提出了二维交通流元胞自动机模型（BML 模型）[38,101]。此后，通过运用一维和二维元胞自动机思想，大量的学者提出了一些新的改进模型。Fukui 和 Ishibashi（1996）提出 FI 模型，该模型中车辆不需要逐步加速且随机慢化仅对高速行驶的车辆起作用[39]。Knospe 等[43] 提出的舒适驾驶（Comfortable Driving，CD）模型中，考虑了驾驶员希望平稳和舒适驾驶的特点。La'rraga 等[45] 通过在 NaSch 模型的规则中的减速步定义一个安全参数，来体现 NaSch 模型中车辆运行的安全性。值得一提的是，针对交通安全问题，有学者运用元胞自动机模型进行了建模，Boccara 等[34] 运用元胞自动机模型提出了道路交通安全性的判断方法。后来，一些学者做了相应的后续研究，例如 Moussa 在 Boccara 等人的道路交通安全性判断方法的基础上，利用 CA 模型仿真得到交通事故概率在车辆的空间占有率低时较高的研究结果[66]。近几年，学者们更关注驾驶员的驾驶特性和驾驶行为，例如吴可非、彭莉娟等人将驾驶员分为不同的类型，不同类型的驾驶员具有不同的驾驶特性，并研究不同的驾驶特性对交通的影响[62,102]，Ding 等学者则研究了特定的驾驶行为对交通流的影响[65,103]。

　　本章在已有模型的基础上，通过建立考虑浓雾条件下驾驶行为特征的交通流元胞自动机模型，来研究浓雾对交通的影响。为了最大程度降低雾天带来的事故风险，在此采用间断放行和控制车速的措施。一次放行多辆车时，车队前面有警车引导，队尾有警车监督，规定放行车辆必须严格跟随前车控制速度行驶。关于有可能有冒险型驾驶员不遵从引导，进行超车等的风险行为，将在相关研究中加以考虑，本书未做考虑。在保障交通安全的前提下，本章确定出了浓雾天气条件下，高速公路间断放行措施中合理的放行数量和放行车队之间的间距。研究结果可以为交通部门制定间断放行措施时提供理论依据和参考。

第二节　浓雾下单车道上驾驶行为
特征及模型

浓雾条件下在道路上行驶，由于受能见度的影响，加上驾驶员特定的驾驶心理，其驾驶行为与无雾条件下相比差异较大。对于浓雾条件下的跟驰行为，许多学者都做了研究。浓雾条件下的驾驶行为特征主要表现在如下两点：

（1）Broughton 等学者研究表明，在能见度低于 50 米的浓雾条件下，部分处于跟驰状态的车辆，由于前车速度较快等原因，会脱离前车视线范围，即车头间距大于能见度。看不见前车的车辆，如图 5.1（a）所示，与前车的距离可能会逐渐拉长，成为慢车（Laggers）[19]。若用 NaSch 模型来解释的话，所有车辆在同一个慢化概率条件下，落伍的慢车在每一次慢化时，慢化的程度要大于跟驰车辆。

（2）Broughton 等学者的研究还观测到在浓雾条件下驾驶，驾驶员在跟驰状态下有加快速度，缩短跟驰距离的行为[19]。本书通过驾驶模拟器实验也观测到了这种行为。段冀阳认为在浓雾条件下，道路上的车辆在较近的距离范围内才会显现出来，如图 5.1（b）所示。后车驾驶员为了增加视野中稳定的部分，从而获得更多的安全感，所以会有驾驶员发现前车时，无意识加速以缩短跟驰距离的行为发生[30]。同理，若用 NaSch 模型来解释的话，所有车辆在同一个慢化概率条件下，则此时的车辆在每一次慢化时，慢化的程度应该相对较小。

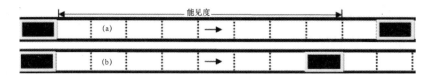

图 5.1 浓雾条件下的 CA 模型图

为了更好地描述浓雾条件下驾驶员的驾驶行为特征,本章在 NaSch 模型的基础上,引入慢化程度的概念,建立浓雾条件下的交通流单车道元胞自动机模型。慢化程度 a_i 即为浓雾条件下,车辆以一定的慢化概率慢化时,驾驶员根据车辆与前车间距的不同,所选择的每一次慢化的程度。

模型中,雾区长度设为 L 个元胞,每个元胞长度代表 L_{cell} 米,能见度为 d_v 个元胞,最前面的车辆记为第 N 辆车,后面的车辆分别标记为第 $N-1$,$N-2$,…,2,1 辆车。第 n 辆车在第 t 时刻所在的位置记为 $x_n(t)$,第 n 辆车在第 t 时刻的速度记为 $v_n(t)$,车辆的最大速度记为每秒 v_{max} 个元胞。$x_{n+1}(t) - x_n(t)$ 大于能见度 d_v 时,车辆的慢化程度记为 a_1,$x_{n+1}(t) - x_n(t)$ 刚刚在能见度 d_v 范围内时,车辆的慢化程度记为 a_2,当与前车的距离小于 d_{safe} ($d_{safe} < d_v$)时,慢化程度记为 a_3。显然,如果 $a_1 = a_2 = a_3 = 1$,即为 NaSch 模型。模型假定车辆仅包含小型车,并且在放行车队中没有超车行为发生。在上述假定条件下,车辆并行运行的基本规则如下:

(1)加速

$$v_n\left(t+\frac{1}{3}\right) = \min\left(v_n(t) + 1, v_{max}\right)$$

(2)减速

$$v_n\left(t+\frac{2}{3}\right) = \min\left(v_n\left(t+\frac{1}{3}\right), x_{n+1}(t) - x_n(t) - 1\right)$$

(3)随机慢化,随机慢化概率为 p

$$v_n(t+1) = \begin{cases} \max\left(v_n\left(t+\dfrac{2}{3}\right) - a_1,\ 0\right) \text{ for } x_{n+1}(t) - x_n(t) > d_v \\[4mm] \max\left(v_n\left(t+\dfrac{2}{3}\right) - a_2,\ 0\right) \text{ for } d_{safe} < x_{n+1}(t) - x_n(t) \leqslant d_v \\[4mm] \max\left(v_n\left(t+\dfrac{2}{3}\right) - a_3,\ 0\right) \text{ for } x_{n+1}(t) - x_n(t) \leqslant d_{safe} \end{cases}$$

（4）车辆运动

$$x_n(t+1) = x_n(t) + v_n(t+1)$$

第三节　模型参数确定

一　CA 模型基本条件

模拟采用单车道循环边界，各个参数取值分别为：$L = 1000$，$L_{cell} = 6$，$v_{max} = 3$，$d_v = 8$，$a_1 = 2$，$a_2 = 0$，$a_3 = 1$，$d_{safe} = 6$。车辆的空间占有率 $\rho = N/L$，模拟中的最小 $\rho = 0.005$。为尽量消除暂态和随机因素对结果带来的影响，模拟实验共进行 20 次，每一次运行 20000 时间步（不统计前 10000 时间步的值），取 20 次结果的平均值作为最终结果。

二　雾天交通流特征仿真

首先，浓雾对交通的影响，体现在运行速度的降低。

图 5.2 反映的是浓雾条件和无雾条件时，速度随 ρ 的变化关系对比。慢化概率 $p = 0.1$ 时，浓雾条件下最大速度为 2.68，无雾条件下可达 2.89。但是，随着 ρ 的增加，浓雾条件下速度的下降比无雾条件下要慢，例如 $\rho = 0.5$ 时，浓雾条件下速度为 0.82，无雾条件下速度为 0.83。浓雾条件下，慢化概率对速度的影响比无雾时更大，例如，$p = 0.4$ 时，最大速度仅为 1.52，而无雾条件下达 2.60。

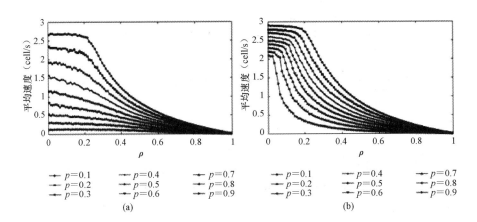

图 5.2　速度—元胞占有率关系（a）浓雾条件（b）正常天气条件

然后，浓雾对通行能力的影响也很明显。

由图 5.3 可见，随着 p 的增大，浓雾条件下的最大流量对应的 ρ 比无雾条件时要大。$p=0.1$ 时，浓雾条件和无雾条件时，最大流量对应的 ρ 均为 0.26，$p=0.4$ 时，浓雾条件下 $\rho=0.32$ 时对应最大流量 0.29，无雾条件下 $\rho=0.18$ 时对应最大流量 0.35；$p=0.6$ 时更为明显，浓雾条件 $\rho=0.34$ 对应最大流量 0.18，无雾条件 $\rho=0.16$ 对应最大流量 0.24。从最大流量来看，慢化概率 p 过小和过大时，浓雾对最大流量的影响均不明显，详见表 5.1。

表 5.1　　　　　　　　　浓雾和无雾条件下的最大流量

慢化概率 p	0.1	0.2	0.3	0.4	0.5	0.6	0.7	0.8	0.9
无雾条件下最大流量	0.58	0.49	0.41	0.35	0.29	0.24	0.19	0.14	0.07
浓雾条件下最大流量	0.58	0.47	0.38	0.29	0.23	0.18	0.13	0.09	0.05
两者差值	0	0.02	0.03	0.06	0.06	0.06	0.06	0.05	0.02

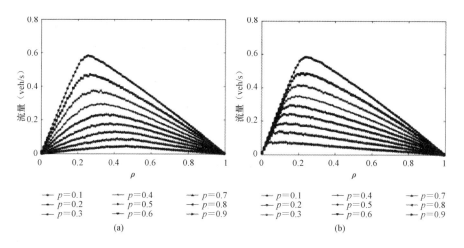

图 5.3　流量—占有率关系（a）浓雾条件（b）正常天气条件

三　参数确定

本书的雾天间断放行仿真的 CA 模型参数确定，包括：慢化概率 p，危险情境 DS，发生事故概率 f_d。确定方法如下：

根据 HCM2010，浓雾条件下的通行能力比无雾天气时的通行能力大约低 11%[104]。进行数值模拟实验时，运用试错法，反复调整 p 值，结果显示，当 $p = 0.31$ 时，考虑浓雾天气影响的模型的最大流量比没有考虑雾天影响的 NaSch 模型的最大流量大约低 11%。此外，本章基于 CA 模型，用程序重现了驾驶模拟器实验场景，并重复进行了 16 次数值模拟。结果显示，$p = 0.31$ 时，驾驶模拟器实验和数值模拟得到的自由行驶速度没有显著差异。因此，本书假定 $p = 0.31$ 探讨浓雾条件下的交通安全问题。

Boccara 等学者提出的可能产生汽车交通事故的 3 个条件，可以用来衡量车队运行过程中产生危险情境（Dangerous Situations，DS）次数的多少。具体条件为：（1）$gap_n(t) \leqslant v_{\max}$，（2）$v_{n+1}(t) > 0$，（3）$v_{n+1}(t+1) = 0$。如果车队中某辆车同时满足如上的 3 个条件，则表明可能会发生追尾交通事故，将其记录下来，危险情境次数 DS（t）增加 1。Boccara 等学者指出，当危险情境发生时，如果驾驶员在做一些分心的事情，则可能会产生交通事故[34]。将具有分心行为并造成交通事故的驾驶员比例记为 f_d，车辆数量记为 N，运行时间记为 T，则平均每辆车每秒钟发生交通事故的概率 f_a 可以用式（5—1）表示。需要提及的是，2013 年 Mhirech 和 Is-maili[89]也用了类似方法研究事故风险。

$$f_a = f_d \frac{1}{N} \frac{1}{T} \sum_{t=1}^{T} \sum_{n=1}^{N} DS(t) \qquad (5—1)$$

2011 年 8 月，清华大学交通研究所驾驶行为课题组联合"问卷星"问卷调查网站，展开的"小型机动车驾驶员驾驶行为调查"，题项："您在开车的时候，是否会做一些分心的事情，比如吃零食，打电话，捡东西，或者思考一些费心思的事情?"结果显示，得到的有效问卷中 1.9% 的驾驶员的答案是"总是出现"[105]。可见，驾驶员在驾驶过程中，确实存在一定的分心行为。在浓雾条件下，驾驶员的驾驶行为应该更加谨慎，分心行为比正常天气要少，并且考虑到分心行为并不一定会造成交通事故，因此，f_d 的实际值应该小于 1.9%。如果取 $f_d = 1.9\%$ 进行研究，则得到的交通事故概率 f_a 会大于实际情况，将其用于制定交通措施时，如果假定交通事故概率小于某个值是安全的，则所制定的措施会偏于安全。因此，本书假定 $f_d = 1.9\%$ 进行研究，得到的浓雾和无雾条件下 f_a 的曲线详见图 5.4。

从图 5.4 可见，当 $\rho < 0.65$ 时，浓雾条件下的 f_a 值都要大于正常天气时的 f_a 值，而且 ρ 越低，f_a 的差值越大。由于模拟中 ρ 的最小值为 0.005，即系统中至少有 5 辆车，当经过一定时间步的模拟，系统达到稳定状态时，浓雾下会有车辆聚集在一起，产生追尾事故风险，导致 f_a 曲线的开始端不为 0。因此，浓雾条件下驾驶，在 ρ 较低时，受能见度和浓雾条件下驾驶员特定驾驶行为的影响，存在

很大的安全隐患，为保障交通安全，应该采取交通管制措施。目前，浓雾条件下，高速公路的主要管制措施是封路和间断放行。由于封路会带来很大的损失，所以间断放行措施备受关注。本书从理论上研究间断放行措施，在保证交通安全的前提下，制定出合理的放行数量和放行间距。

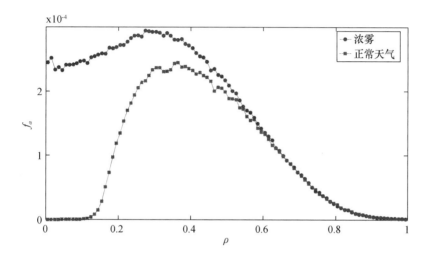

图 5.4　事故概率 f_a 与占有率 ρ 的关系

第四节　雾天多车间断放行措施分析

浓雾条件下，考虑高速公路间断放行措施的元胞自动机模型在模拟时的重要特点，就是放行车队的 N 辆车初始随机分布在道路的开始端一定长度 l_r 的范围内（见图 5.5），本书取车队内部平均车头间距为 2 个元胞，然后车队按照一定的时间间距 h_t 开始向前运动。

放行车队运行的时空轨迹，可以从宏观上反映间断放行措施的特征及其影响因素。图 5.5 显示的是间断放行措施 $N = 30$ 辆车，$p = 0.31$ 时车队运行的时空轨迹图。从图中可见，车队的长度随时间逐渐变长，并且车队中有车辆出现 Broughton 等学者[19] 所描述的情形，即成为脱离前车视线范围的慢车，与前车的车头间距变得越来越大，其后面的车辆速度也相应减慢，形成移动瓶颈。但是，如果前车由于某种原因，在随后的一定时间也成为慢车时，这个车头间距又可能会缩短，后车又重新看见前车，返回跟车状态。

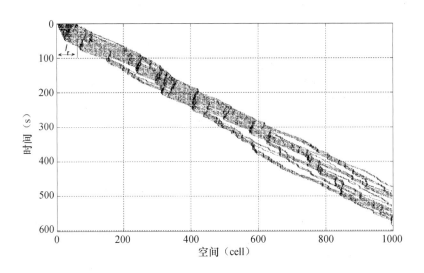

图 5.5　典型的车队运行时空轨迹图

采取间断放行措施后，事故概率 f_a 的值如图 5.6 所示，从数量级来看，f_a 约为原来的 1/10，并且随着放行数量的增多，f_a 值并无明显变化。但是，车队的运行时间随着放行数量的增多变化较大，如图 5.7 所示，意味着每辆车在雾区运行的时间变长，按照 f_a 的定义，显然发生交通事故的概率增加。车队从启动到离开雾区，平均每辆车发生交通事故的概率 f_{a1} 可以用式（5—2）表示，模拟结果详见图 5.8。从图 5.8 可见，放行数量 N 对 f_{a1} 影响较大，拟合结果如式（5—3）所示。

$$f_{a1} = f_d \frac{1}{N} \sum_{t=1}^{T} \sum_{n=1}^{N} DS(t) \qquad (5—2)$$

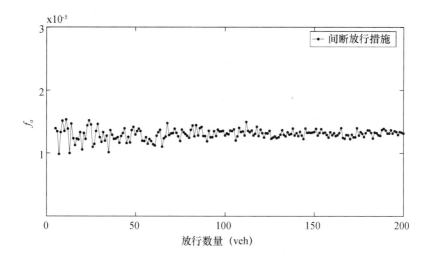

图 5.6　事故概率 f_a 与放行数量的关系

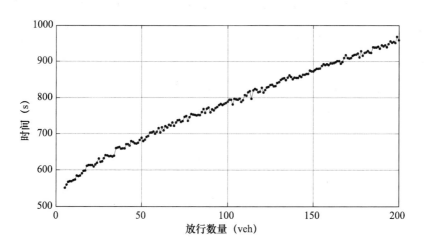

图 5.7　车队的运行时间与放行数量的关系

$$f_{a1} = \beta_1 x^3 + \beta_2 x^2 + \beta_3 x + \beta_4 \qquad (5—3)$$

式（5—3）中，$\beta_1 = 1.371\mathrm{e} - 010$，$\beta_2 = -8.96\mathrm{e} - 008$，$\beta_3 = 4.039\mathrm{e} - 005$，$\beta_4 = 0.007005$。

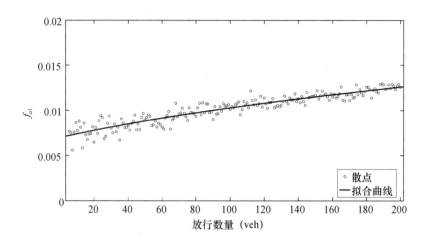

图 5.8 f_{a1} 与放行数量的关系

放行车队之间的时间间距，指后一个车队启动时间与前一个车队启动时间之差，用 h_t 表示，单位为秒。取车队放行时间间距为 h_t，则前一个车队的末车离开雾区时，后一个车队刚好与前一个车队汇合。h_t 的模拟结果如图 5.9 所示，拟合结果详见式（5—4）。

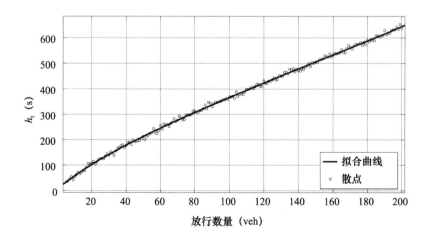

图 5.9 h_t 与放行数量的关系

$$h_t = \beta_1 x^4 + \beta_2 x^3 + \beta_3 x^2 + \beta_4 x + \beta_5 \qquad (5\text{—}4)$$

在式（5—4）中，$\beta_1 = -1.671\mathrm{e}-007$，$\beta_2 = 9.697\mathrm{e}-005$，$\beta_3 = -0.02122$，$\beta_4 = 4.85$，$\beta_5 = 12.4$。

另外，根据车队放行时间间距 h_t，可以用式（5—5）求得每小时的最大放行数量 Q_{max} 与每次车队放行数量 N 的关系。模拟结果如图 5.10 所示，拟合曲线方程详见式（5—6）。

$$Q_{max} = N\frac{3600}{h_t} \qquad (5\text{—}5)$$

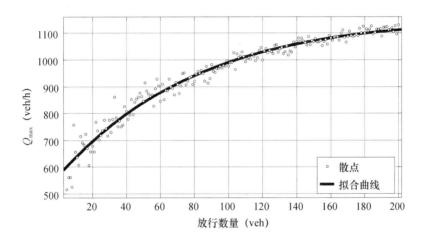

图 5.10　Q_{max} 与放行数量的关系

$$Q_{max} = \beta_1 x^4 + \beta_2 x^3 + \beta_3 x^2 + \beta_4 x + \beta_5 \qquad (5\text{—}6)$$

在式（5—6）中，$\beta_1 = -8.312\mathrm{e}-007$，$\beta_2 = 0.0004269$，$\beta_3 = -0.08586$，$\beta_4 = 9.644$，$\beta_5 = 534.2$。

第五节　雾天单辆车间断放行措施分析

浓雾天气下，高速公路采取单车道间断放行措施时，一次放行多辆车，虽然能够让发生追尾交通事故的概率 f_a 明显降低，但是，

无法从理论上将 f_a 值控制为趋于 0。这说明，浓雾下行车还是存在一定的追尾风险。因此，为探讨如何能够将 f_a 值控制为趋于 0，本节研究了每次仅放行一辆车的情况。

一 单辆车放行措施分析

采取单辆车放行时，没有警车引导和监督，驾驶员按照自己的节奏在高速公路上行驶。由于驾驶员的个体差异和驾驶行为的随机性，每一辆车通过雾区的平均速度也必然存在一定的差异。为探讨这种差异，本书设计了一个模拟实验。实验共进行 1000 次，每次仅放行一辆车，测试这 1000 辆车通过雾区的平均速度和所用时间，结果如图 5.11 和图 5.12 所示。

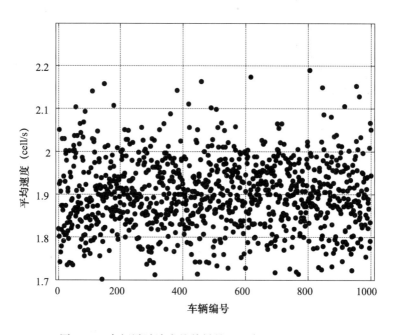

图 5.11　车辆通过速度的差异性（$L = 1000$，$v_{max} = 3$）

由图 5.12 可见，车辆通过雾区所用的时间呈正态分布。采取每次放行一辆车的间断放行措施时，如果车辆之间放行的时间间距

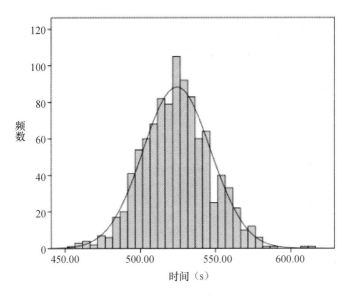

图 5.12 车辆通过时间的差异性（$L = 1000$，$v_{\max} = 3$）

相等且不大于车辆运行所花的最长时间，则存在一些车辆聚集到一起，产生追尾交通事故的风险。图 5.13 为 $L = 1000$，$v_{\max} = 3$，放行时间间隔为 60 秒时的放行时空轨迹图。

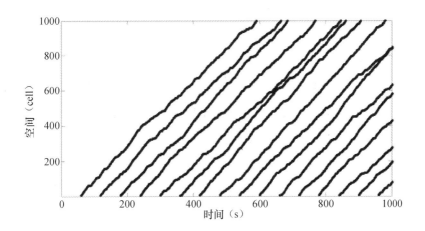

图 5.13 单辆车间断放行时空图（$L = 1000$，$v_{\max} = 3$）

　　正常天气情况下，车辆通过相同里程的道路，且采取相同的限速时，其通过时间也有一定的差异，呈正态分布，如图 5.14 所示。不过，相比于浓雾环境，正常天气时车辆通过道路所用的时间要短很多。

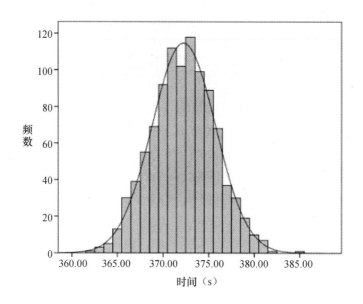

图 5.14　正常天气时车辆通过时间的差异性（$L=1000$，$v_{\max}=3$）

　　在浓雾和正常天气情况下，车辆通过道路所用时间的极小值、极大值、均值以及标准差如表 5.2 所示。浓雾下车辆通过时间的标准差大约是正常天气时的 6.5 倍，说明浓雾增大了驾驶员速度选择的差异。Broughton 等学者[19]研究发现浓雾下有慢车存在，也说明了浓雾下驾驶员对速度的选择差异比正常天气时更大。因此，浓雾下车流中速度差会变大，这也是事故风险的来源之一。

表 5.2　　　　　　　天气对车辆通过时间的影响（$v_{max}=3$，$L=1000$）

天气情况	放行车辆数	极小值	极大值	均值	标准差
浓雾	1000	454.00	614.00	524.3770	22.59388
正常天气	1000	362.00	385.00	372.2530	3.47837

二　不同雾区长度及限速对措施的影响

随着雾区长度的增加，平均每辆车通过雾区所用时间的变化如图 5.15 所示。可见，所用时间与雾区长度成正比。随着雾区变长，所用时间的标准差也变大，见表 5.3 和表 5.4。这说明雾区的长度增加，采取一次放行一辆车的间断放行措施时，如果每辆车的放行时间间隔相同，则可能会有更多的车辆还没有离开雾区时被后面放行的车辆追赶上，造成许多车辆聚集在一起，从而增大发生追尾交通事故的风险。

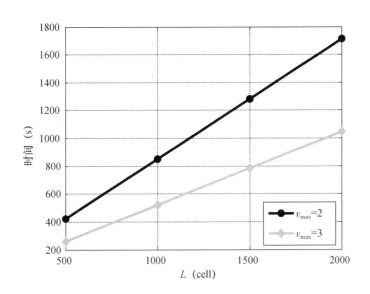

图 5.15　L 对车辆通过雾区所用时间的影响

表5.3　　　L 对车辆通过雾区所用时间标准差的影响（$v_{max}=2$）

雾区长度 L（元胞数量）	放行车辆数	极小值	极大值	均值	标准差
500	1000	364.00	490.00	425.4550	19.10804
1000	1000	772.00	948.00	853.1600	28.11560
2000	1000	1591.00	1847.00	1712.0290	39.00299

表5.4　　　L 对车辆通过雾区所用时间标准差的影响（$v_{max}=3$）

雾区长度 L（元胞数量）	放行车辆数	极小值	极大值	均值	标准差
500	1000	220.00	331.00	261.7000	15.24042
1000	1000	454.00	614.00	524.3770	22.59388
2000	1000	967.00	1160.00	1051.3340	32.05998

当 $v_{max}=2$ 时，雾区长度对 f_a 的影响见图5.16。雾区长度分别为 $L=500$、$L=1000$ 和 $L=2000$ 个元胞，对应于 3km、6km 和 12km。显然，采取相同的时间间隔放行时，随着雾区长度的增加，发生追尾事故的风险增大。当 $L=500$ 时，间断放行的时间间隔 h_t 大于70秒，即可使追尾事故风险趋于0；当 $L=1000$ 时，h_t 大于95秒时才可使追尾事故风险趋于0；当 $L=2000$ 时则需要更长的时间间隔。

图5.17 显示了 $L=1000$，$v_{max}=2$ 时车辆通过雾区所用时间的频数，对比图5.12可知，相对较低的限速增加了车辆通过雾区的时间范围。表5.3和表5.4同时说明，限速越低，速度的标准差越大。采取一次放行一辆车的间断放行措施时，也会增加车辆聚集的机会（见图5.18），从而增大发生追尾交通事故的风险。当然，限速也并不是越高越好，太高的限速会带来其他事故风险，例如翻车和撞护栏[71]。本章中 $v_{max}=2$ 和 $v_{max}=3$ 的情况，相当于最高限速分

别为 43.2km/h 和 64.8km/h。

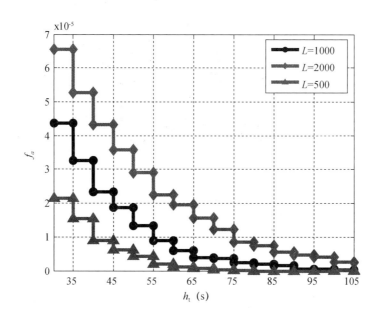

图 5.16　雾区长度对 f_a 的影响（$v_{max} = 2$）

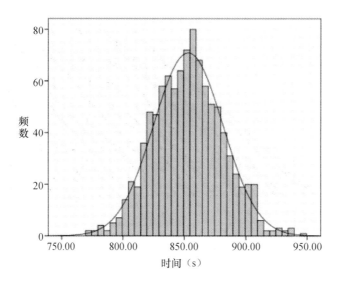

图 5.17　车辆通过时间的差异性（$L = 1000$，$v_{max} = 2$）

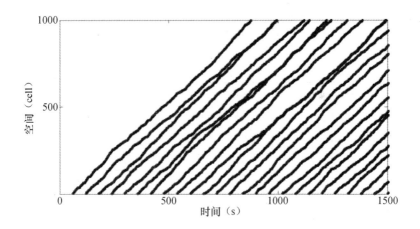

图 5.18　单辆车间断放行时空图（$L=1000$，$v_{\max}=2$）

浓雾天气下，高速公路采取一次放行一辆车的间断放行措施，需要重点对放行时间间隔进行控制。如果间隔过短，措施的效果就会减弱，达不到降低追尾事故风险的目的，图 5.19 为时间间隔为 30 秒时的放行时空轨迹图。

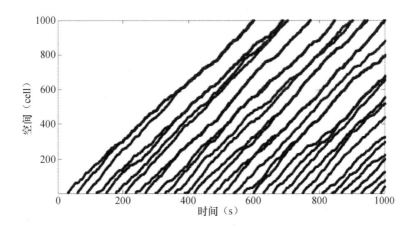

图 5.19　单辆车间断放行时空图（$L=1000$，$v_{\max}=3$）

当 $L=500$ 时（见图 5.20），如果时间间隔小于 40 秒，较低的限速下（$v_{max}=2$）风险也明显低于较高的限速（$v_{max}=3$）。时间间隔在 40 秒至 70 秒这个区间范围时，较高的限速减少了车辆的聚集，一定程度上降低了风险，使较高限速时的风险低于较低限速时的风险。时间间隔在 70 秒以上时，两种限速下的追尾风险都趋于 0。

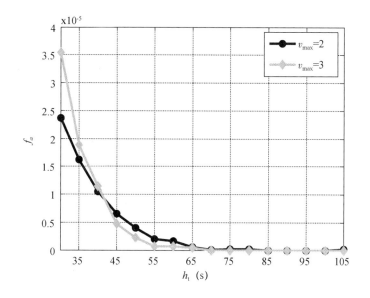

图 5.20　限速对 f_a 的影响（$L=500$）

第六节　讨论

由驾驶模拟器实验结果可知，浓雾下当驾驶员处于自由行驶状态时，相比于正常天气，其速度会显著降低（见图 4.6）。当驾驶员在视野中观察到前面有车时，他们可能会选择跟随前车行驶，此时由于认知的局限性，驾驶员会有不自觉地加速以缩短跟车距离的驾驶行为。但是，也存在一定比例的驾驶员，他们会脱离前车视线范围，完全按照自己的节奏开车（Lagging drivers）。在考虑到上述驾驶行为的基础之上，本章研究了浓雾下高速公路单车道间断放行措施。当交通管理部门采取间断放行措施的时候，放行车辆仅包含小型车，放行数量会控制在一定范围之内，并且在放行过程中不允许超车行为发生。如果一次放行多辆车，车队前面可能有警车引导，队尾有警车监督，规定放行车辆必须严格跟随前车控制速度行驶。因此，间断放行措施可以使交通流更加有序，减少了危险情境的发生，从而有效控制浓雾下的事故风险。

本章研究浓雾下的交通管理措施，但是该种措施对废气污染物排放的影响，也是一个需要讨论的内容，因为车辆废气排放，是导致浓雾的重要原因。因此，本节对浓雾下间断放行措施的废气污染物排放等相关影响进行了研究。

公路交通业是污染物排放的重要来源，2011 年全国废气中主要污染物排放量，机动车排放的氮氧化物达 637.5 万吨，占排放总量的 26.5%[106]。废气污染物的排放会污染空气，使雾霾天气增多。同时，公路交通业已成为能源消耗大户，年耗能占全国能源消费总量的 3.5%—4%，占全国石油消耗总量的 1/3[107]。而雾霾天气的增多，可能导致车辆污染物排放和能耗进一步增加，本节讨论了浓雾下的交通排放特征以及间断放行措施下不同参数取值对排放和能耗的影响。

本节参考张晶[108]和公路建设项目环境影响评价规范（JTG B03 –2006）[109]，定义车辆的单车排放因子。采取多元胞自动机模型（multi-cell cellular automaton model）建模的方式，模拟得到浓雾下平均每辆车每千米 CO 排放特征如图 5.21 所示。可见，与正常天气相比，$\rho < 0.2$ 时浓雾会加重排放污染。

本节参考 Zhang 等[52]用 $e_n(t)$ 表示第 n 辆车从 t 到 $(t+1)$ 时刻的能耗；E_d 表示在某种放行措施条件下，车队通过雾区过程

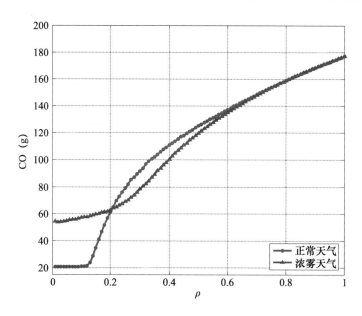

图 5.21　浓雾下 CO 排放特征

中平均每辆车的总能耗，见式（5—7）和式（5—8）。

$$e_n(t) = \begin{cases} \dfrac{m}{2}\left[v_n^2(t) - v_n^2(t+1)\right], & v_n(t+1) < v_n(t); \\ 0, & v_n(t+1) \geqslant v_n(t). \end{cases}$$

$$(5—7)$$

$$E_d = \frac{1}{N}\sum_{t=1}^{T}\sum_{i=1}^{N} e_n(t). \qquad (5—8)$$

其中 m 为车辆的质量，单位为 kg。$mv_n^2/2$ 为第 n 辆车的动能，车辆的能耗定义为车辆动能的减小。

间断放行措施中能耗和排放的模拟时，$m=1500$，首先，取放行数量 $N=5$，$p=0.1$，车辆初始分布在前 $2N$ 个元胞内，编程模拟得到车队通过雾区时的 E_d 和排放量[123]。为尽量消除随机因素带来的误差，重复运行 20 次取平均值。然后，依次取 $p=0.2$，0.3，…，0.9 重复以上模拟。将 N 依次增加 1，直至 $N=150$，定量研究不同 p 下 N 对 E_d 和 NO_x 排放的影响。

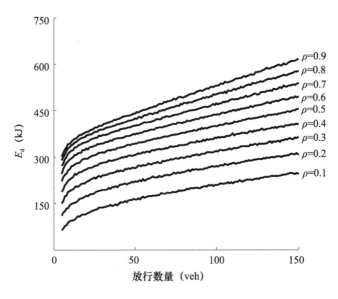

图 5. 22 E_d 与放行数量的关系

车队通过雾区的整个过程中，E_d 和 NO_x 排放量模拟结果如图 5.22 和图 5.23 所示。图 5.22 中，E_d 随着 N 的增加单调递增；N

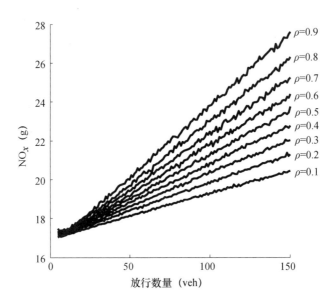

图 5. 23 NO_x 排放与放行数量的关系

相同时，p 越大 E_d 越大，说明车辆减速过程中的过度反应行为会加剧能源的消耗。图 5.23 是 NO_x 排放与 N 和 p 的关系，与 E_d 类似。可见，采取间断放行措施时，不同的参数取值对节能减排有一定的影响[123]。

第七节　本章小结

通过建立考虑浓雾条件下驾驶行为特征的交通流单车道元胞自动机模型，来探讨浓雾对交通的影响，包括速度、流量和安全性。为保证浓雾条件下高速公路不封路，而且安全性有保障，本章在理论上研究了单车道间断放行措施。主要研究结论如下：

（1）浓雾降低了车辆运行速度和交通量，而且在元胞占有率 $\rho < 0.5$ 时，浓雾条件下平均每辆车每秒钟发生追尾交通事故的概率 f_a 远远高于无雾条件时的概率。

（2）从高速公路间断放行措施车队运行的时空轨迹图可见，车队中有车辆脱离前车视线范围，与前车距离逐渐变大，再现了 Broughton 等[19]所描述的浓雾条件下有慢车的情形，说明本研究所建立的考虑浓雾条件下驾驶行为特征的交通流元胞自动机模型，可以反映浓雾条件下的真实驾驶行为。放行车队通过雾区时，平均每辆车每秒钟发生交通事故的概率 f_a 的模拟结果显示了间断放行措施确实可以降低风险。

（3）间断放行车队通过雾区时，平均每辆车发生追尾事故的概率 f_{a1} 随着放行数量 N 的增加而增大。因此，在实际应用中，交通管理部门应该选择合适的放行数量。若假定 f_{a1} 小于 1% 是安全的，则由式（5—3）可知，放行车队包含的车辆数 N 最多为 90 辆，由式（5—4）可得车队之间放行时间间距 h_t 最少为 337 秒，且由式（5—6）可知每小时交通量 Q_{max} 不多于 962 辆车。

（4）浓雾天气下，高速公路一次放行一辆车时，随着雾区长度的增加，或者间断放行时间间隔的缩短，发生追尾事故的风险都会增大。放行时间间隔过小时，较低的限速有利于降低风险。而且，不断增大放行时间间隔，可以有效控制发生追尾事故的风险。研究结果可以为交通管理部门制定单车道间断放行措施提供理论依据和参考。

第 六 章

高速公路双车道间断放行措施研究

第一节　本章引言

虽然浓雾下高速公路单车道间断放行措施，可以在一定程度上降低发生追尾交通事故的风险，但是，单车道的放行不能够充分利用高速公路基础设施。为提高浓雾下高速公路间断放行效率，本章在单车道放行的基础上，考虑驾驶员在浓雾下双车道上的驾驶行为，研究了双车道间断放行措施。

单车道上驾驶行为研究结果表明，浓雾下驾驶员会无意识地缩短跟车距离，增大了发生追尾交通事故的风险[19,20,23]。在此基础上，清华大学交通研究所进行的驾驶模拟器实验结果显示，单向双车道高速公路上，相邻车道的车辆对驾驶行为也有很大影响。浓雾下，驾驶员总是试图与相邻车道车辆结伴前行。相邻车辆车速越快，驾驶员的平均自由行驶速度相对越快，跟车距离相对越短。驾驶员在浓雾条件下的这些特殊行为，可以通过交通流元胞自动机模型来描述。

1992 年，Nagel 和 Schreckenberg[38] 提出了 Nagel-Schreckenberg（NaSch）一维元胞自动机模型。基于 NaSch 模型的扩展模型，可分为单车道模型和可换道的多车道模型两类。近些年来，学者们对于这两类模型的研究一直很活跃[110—122]。

单车道交通流元胞自动机模型，可以通过定义随机慢化规则来描述不同的驾驶行为，模拟出复杂的实际交通现象。NaSch 模型的慢化概率大小需要预先设定，而且不随车辆周围环境的变化而变化[38]。在此基础上，学者们不断将其推广发展。依赖于速度的随机慢化（VDR）模型中，慢化概率是车辆速度的函数[110]。舒适驾驶（CD）模型及其改进模型（MCD）中，考虑到驾驶员希望平稳和舒适驾驶的特点，慢化概率由车辆速度、刹车灯状态、车辆的车头时距和安全时间间距等参数共同确定[43,111]。Lee 等[112] 提出的考虑减速限制的模型中，当某辆车的速度小于一定大小时，其随机慢化概率随速度呈线性变化。Meng 等[113]通过给汽车和摩托车设定不同的慢化概率，来分别描述它们的随机慢化现象。Ding 等[65]认为交通流元胞自动机模型的随机慢化概率可以用来反映驾驶员基于历史经验的学习和遗忘行为。Shi 和 Tan[90]考虑了浓雾下驾驶员在单车道上驾驶行为特点，建立了利用慢化程度大小反映浓雾下随机慢化特点的模型。

可换道的双车道元胞自动机模型，分为车辆的更新和换道两个部分。其中，车辆的更新规则一般与单车道模型一致，换道规则可分为对称和非对称两类。Rickert 等[114]认为，对称的换道规则在理论研究时较多，但在实际交通中，非对称规则更常见。该文引入的换道规则为：当某辆车与同一车道前车的距离不是足够长，而相邻车道上的行驶条件更好，并且和相邻车道后车之间保持着一个安全距离时，车辆就会以一定的概率换道。Li 等[115]认为交通流中的快车处于慢车后面时，其换道行为会较为激进。研究结果显示，在中等交通密度时，这种换道行为可以减少交通拥堵。Kukida 等[116]考虑了驾驶员与相邻车道车辆的速度差，提出了一个新的换道规则，并将该规则应用于基于 NaSch 模型的 S-NFS 模型。该模型中，换道的动机因素为某辆车与同一车道前车的速度差大于等于其与前车之间的空元胞数，而与相邻车道前车之间的空元胞数大于与同一车道前车之间的空元胞数；换道的安全条件为相邻车道后车与其速度差不大于其与相邻车道后车之间的空元胞数。Zheng[117]将换道模型分为两类，一类模型反映了换道的决策过程，而另一类模型量化了换道行为对周围车辆的影响。

根据对中国 2002 年至 2007 年高速公路雾区重特大交通事故的统计可知，事故的主要类型为追尾、侧向碰撞和翻车（自损），比例达到 96.88%[71]。其中，追尾的主要原因为跟车距离过短，侧向碰撞主要发生在车辆超车或者变换车道的过程中，车速过快则往往导致翻车。因此，本章主要从控制跟车距离、换道和限速三个方面研究浓雾对高速公路交通的影响以及有效的管理措施。首先，本章在已有研究和浓雾下单车道交通流模型的基础上，考虑浓雾下相邻车道车辆的相互影响，建立了双车道交通流元胞自动机模型；然后，研究了浓雾下不同的限速措施对交通安全、速度和流量的影响；最后，为有效控制浓雾下高速公路行车风险，从增大跟车距离、控制换道和速度等多个角度探索了不同的间断放行措施。

第二节　浓雾下双车道上驾驶行为特征及模型

双车道上，驾驶员在浓雾下不仅会如同单车道上一样缩短跟车距离[19,20,23]，而且还会因为受到相邻车道车辆以及能见度的影响，导致其行为发生改变。2013 年，清华大学交通研究所进行的一项驾驶模拟实验，观测了相邻车道车辆对驾驶员行为的影响。

实验结果显示，在仅有 48 米能见度的浓雾条件下，相邻车道车辆对驾驶员在确定速度和跟车距离时，有显著的参考作用：

（1）驾驶员在浓雾下速度较低，而且会尽量保持与相邻车道的车辆结伴前行。如果相邻车辆的速度相对较快，在处于自由行驶状态时，驾驶员的速度也会相对较快；（2）浓雾下驾驶员会参考相邻车辆来确定跟车距离。驾驶员可以见到相邻车辆时，其与同一车道前车的跟车距离会相对较长。而且，如果相邻车辆的速度相对较慢，驾驶员会与前车保持相对更长的距离。实验还探索了浓雾下驾驶员产生换道意愿的条件。当相邻车道车速较快，而本车道前车速度较慢时，一些驾驶员会在浓雾下产生换道意愿。本次实验结束后的问卷调查显示，约23%的驾驶员在浓雾下可能会有换道行为。

为描述浓雾条件下驾驶员的这些驾驶行为特征，本章在已有 CA 模型的基础上，考虑了相邻车道车辆的影响，建立浓雾下高速公路双车道间断放行措施的元胞自动机模型，模型图如图 6.1 所示。模型考虑了驾驶员与相邻车道车辆的距离和速度差异，并分别用参数 α 和 β 表示驾驶员对距离和速度差异的影响大小。α 和 β 的取值均为非负，当为 0 时表示没有影响。α 越大，则表明车辆与可见的相邻车辆的车头间距对驾驶员的影响越大；β 越大，则表明车辆与可见的相邻车辆的速度差对驾驶员的影响越大。

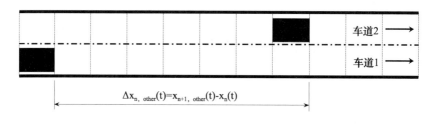

图 6.1　浓雾下双车道 CA 模型图

模型中，外侧车道记为车道 1，里侧车道记为车道 2，雾区长度设为 L 个元胞，每个元胞长度为 6 米，能见度为 d_v 个元胞。单个车道上初始车辆数量记为 n，最前面的车辆记为第 n 辆车，后面的

车辆分别标记为第 $n-1$，$n-2$，$\cdots$，1 辆车。第 n 辆车在第 t 时刻所在的位置记为 $x_n(t)$，速度记为 $v_n(t)$；第 n 辆车相邻车道前车在第 t 时刻所在的位置记为 $x_{n+1,\text{other}}(t)$，速度记为 $v_{n+1,\text{other}}(t)$。车辆的最大速度记为每秒 $v_{\max}$ 个元胞。$x_{n+1}(t)-x_n(t)$ 大于能见度 d_v 时，车辆的慢化程度记为 a_1，$x_{n+1}(t)-x_n(t)$ 刚刚在能见度 d_v 范围内时，车辆的慢化程度记为 a_2，当与前车的距离小于 d_{safe} （$d_{\text{safe}}<d_v$）时，慢化程度记为 a_3。慢化程度的单位为元胞每秒，且 $a_2<a_3<a_1$。当 $0\leqslant\Delta x_{n,\text{other}}(t)\leqslant d_v$，车辆受到相邻车道车辆影响，车辆的慢化概率为 p_n；当 $\Delta x_{n,\text{other}}(t)>d_v$，车辆不受到相邻车道车辆影响，车辆的慢化概率为 p。模型假定车辆仅包含小型车。在上述条件下，车辆的单车道更新满足以下并行运行规则：

（1）随机慢化概率

$$p_n=\begin{cases}\max\{0,\ p[\alpha\tanh(d_v-\Delta x_{n,\text{other}}(t))+\\ \beta\Delta v_{n,\text{other}}(t)/v_{\max}]\},\ 0\leqslant\Delta x_{n,\text{other}}(t)\leqslant d_v\\ p,\ \Delta x_{n,\text{other}}(t)>d_v\end{cases}$$

$$\Delta x_{n,\text{other}}(t)=x_{n+1,\text{other}}(t)-x_n(t)$$

$$\Delta v_{n,\text{other}}(t)=v_n(t)-v_{n+1,\text{other}}(t)$$

（2）加速

$$v_n\left(t+\frac{1}{3}\right)=\min(v_n(t)+1,\ v_{\max})$$

（3）减速

$$v_n\left(t+\frac{2}{3}\right)=\min\left(v_n\left(t+\frac{1}{3}\right),\ x_{n+1}(t)-x_n(t)-1\right)$$

（4）随机慢化

$$\text{Case one：}\ 0\leqslant\Delta x_{n,\text{other}}(t)\leqslant d_v$$

$$v_n\ (t+1)\ =\begin{cases}\max\ \left(v_n\ \left(t+\dfrac{2}{3}\right)\ -a_1,\ 0\right),\ x_{n+1}\ (t)\ -\\[1em]x_n\ (t)\ >d_v\\[1em]\max\ \left(v_n\ \left(t+\dfrac{2}{3}\right)\ -a_3,\ 0\right),\ 0\leqslant x_{n+1}\ (t)\ -\\[1em]x_n\ (t)\ \leqslant d_v\end{cases}$$

Case two：$\Delta x_{n,\text{other}}\ (t)\ >d_v$

$$v_n\ (t+1)\ =\begin{cases}\max\ \left(v_n\ \left(t+\dfrac{2}{3}\right)\ -a_1,\ 0\right),\ x_{n+1}\ (t)\ -\\[1em]x_n\ (t)\ >d_v\\[1em]\max\ \left(v_n\ \left(t+\dfrac{2}{3}\right)\ -a_2,\ 0\right),\ d_{\text{safe}}<x_{n+1}\ (t)\ -\\[1em]x_n\ (t)\ \leqslant d_v\\[1em]\max\ \left(v_n\ \left(t+\dfrac{2}{3}\right)\ -a_3,\ 0\right),\ x_{n+1}\ (t)\ -\\[1em]x_n\ (t)\ \leqslant d_{\text{safe}}\end{cases}$$

（5）车辆运动

$$x_n\ (t+1)\ =x_n\ (t)\ +v_n\ (t+1)$$

本书考虑到驾驶员在浓雾下的换道行为特征，当满足以下条件时车辆以 p_{change} 的概率换道：（1）换道的动机因素为 $v_{\max,\text{other}}>v_{\max}$，$gap_p^f<\min\ (v_i^{(p)}+1,\ v_{\max})$ 和 $gap_n^f>\min\ (v_i^{(p)}+1,\ v_{\max})$；（2）换道时考虑的安全条件为 $gap_n^b>v_{\max}$，除此之外，本书还探讨了浓雾下有换道行为的驾驶员只关注相邻车道的前车，而忽视了后车的危险换道现象，即 $gap_n^b\geqslant0$[116]。换道规则中各符号含义：$v_{\max,\text{other}}$ 为相邻车道限速，$v_{\max}$ 为当前车道限速，当前车速为 $v_i^{(p)}$，本车道前车速度为 $v_i^{(p)}$；相邻车道前车速度为 $v_{i+1}^{(n)}$，后车速度为 $v_{i-1}^{(n)}$。gap_p^f 是与前车的空元胞数；gap_n^f 和 gap_n^b 分别代表与相邻车道前车和后车的空元胞数。

第三节　数值模拟与结果

基于驾驶模拟器实验结果，本章的模拟参数取值分别为：$L = 1000$，$d_v = 8$，$a_1 = 2$，$a_2 = 0$，$a_3 = 1$，$d_{safe} = 6$，$\alpha = 0.4$，$\beta = 5$，$p = 0.31$，依据驾驶模拟器实验结束后的问卷调查结果取 $p_{change} = 0.23$。本章分析了浓雾下，不同的限速措施和间断放行措施对交通的影响，旨在探索控制浓雾下高速公路事故风险的有效方法。

一　不同的限速措施分析

本章共研究了 3 种不同的限速措施：（1）两个车道最高限速均为 $v_{max} = 2$；（2）两个车道最高限速均为 $v_{max} = 3$；（3）为了满足不同驾驶员对最高限速的不同需求，里侧车道（车道 2）设置为 $v_{max} = 3$，外侧车道（车道 1）设置为 $v_{max} = 2$。车辆的元胞占有率 $\rho = n/L$，模拟中的最小 $\rho = 0.005$。模拟的初始状态为车辆随机分布在道路上，并以车道 2 的结果为代表进行分析。为尽量消除随机因素对结果带来的影响，模拟实验共进行 20 次，取 20 次结果的平均值作为最终结果。

车流中没有换道行为发生时，不同限速条件下，所有车辆的平均速度随 ρ 的变化关系如图 6.2 所示。两车道限速均为 $v_{max} = 2$，当 $\rho > 0.35$ 时，随着 ρ 的增大，平均速度不断降低。如果 $v_{max} = 3$，当 $\rho > 0.16$ 时，平均速度开始随着 ρ 的增大不断降低。可见，不同的限速条件下，ρ 值对平均速度的影响差异较大。

不同限速条件下，车流中没有换道行为发生时，流量随 ρ 的变化关系如图 6.3 所示。两车道限速均为 $v_{max} = 2$ 时，最大流量为 0.365；而均为 $v_{max} = 3$ 时，最大交通流量可达 0.416。可见，限速对流量也有较大的影响。

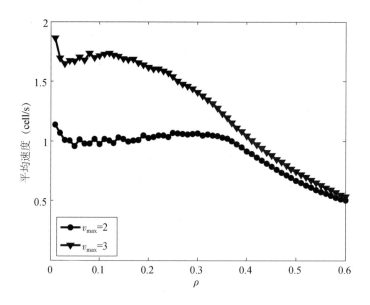

图 6.2   平均速度与元胞占有率的关系

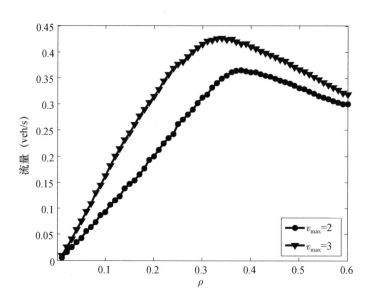

图 6.3   流量与元胞占有率的关系

图6.4 所示为有换道行为时，浓雾对速度和流量的影响。可见，驾驶员只关注相邻车道的前车，而忽视了后车的危险换道现象

（$gap_n^b \geqslant 0$），相比于正常换道而言（$gap_n^b > v_{\max}$），对车辆的平均行驶速度和交通流量均有不利的影响。

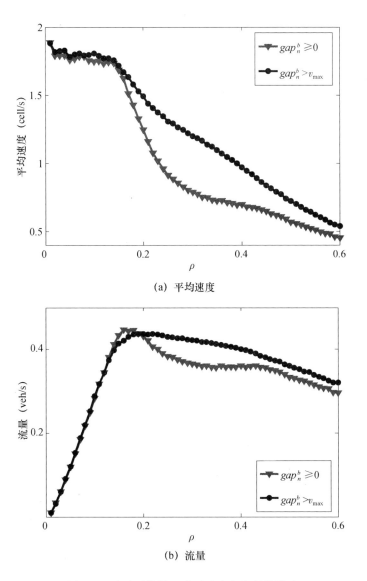

(a) 平均速度

(b) 流量

图 6.4　浓雾下换道行为对速度和流量的影响

本章参考 Shi 和 Tan[90]定义平均每辆车每秒发生追尾事故的概

率 f_a ，见式（6—1）。其中，DS（t）为第 t 秒所有车辆发生的危险情境数量，N 为车道上车辆总数，T 为车辆行走的总时间，f_d 代表由危险情境转化为交通事故的概率，取值为 1.9%。

$$f_a = f_d \frac{1}{N} \frac{1}{T} \sum_{t=1}^{T} \sum_{n=1}^{N} DS(t) \qquad (6-1)$$

图 6.5 所示为有换道行为时，浓雾对追尾事故概率和换道概率的影响。可知，换道过程中忽略相邻车道后车的危险换道方式发生时，发生追尾交通事故风险的最大值要高于安全换道时的最大值。当 $\rho > 0.115$，且换道过程中忽略相邻车道后车时，驾驶员的换道概

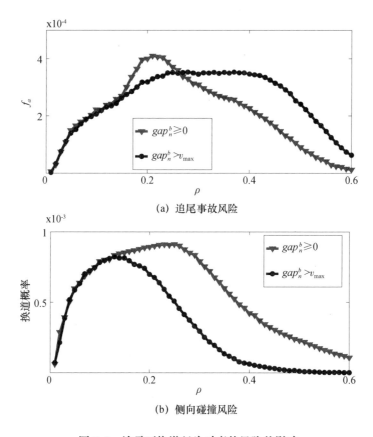

(a) 追尾事故风险

(b) 侧向碰撞风险

图 6.5　浓雾下换道行为对事故风险的影响

率比安全换道方式时的换道概率大。因为侧向碰撞事故主要发生在车辆超车或者变换车道的过程中，所以，换道过程中忽略后车时的侧向碰撞风险也会相应增加。

因此，高速公路管理部门在进行浓雾下的交通管理时，为保障交通安全，应该严禁换道行为。

由于实际道路上车辆是随机到达雾区的，雾区内交通密度（ρ）也是随机的，可能存在局部交通密度过大的情况，以及换道行为的发生，对应的事故风险必然较高。因此，双车道开放时，仅采用限速措施，并不能将浓雾下交通事故风险控制在合理范围内。

二　双车道间断放行措施分析

为进一步探讨有效控制浓雾下高速公路交通事故风险的方法，本章研究了高速公路双车道间断放行措施。本章分析的浓雾下高速公路双车道间断放行措施模式，为试行措施中普遍采用的每隔一定时间每车道仅放行一辆车。

由于驾驶行为的随机性，每辆车通过雾区时，其平均速度和所用时间必然有差异。为研究这种差异，本章做了一个简单的模拟实验。实验中，$L=1000$，两个车道各自同时放行一辆车。两车道最高限速均为 $v_{max}=3$，放行过程中不允许换道行为的发生。

实验重复进行了 1000 次，每次实验的车辆经过雾区时的平均速度和所用时间的频数，详见图 6.6 和图 6.7。可见，如果采用相同的时间间隔放行，会存在一些速度较慢的驾驶员，在雾区内被后面放行的车辆追赶上，增加发生追尾交通事故的风险。

为量化间断放行措施下追尾事故风险的大小，本章模拟了不同的间断放行时间间隔对事故风险 f_a 的影响。时间间隔分别为 30s，35s，…，105s，两车道限速相同且同时放行，每次放行一辆车。为得到稳定状态时的平均数值，模拟放行共进行 11 小时，结果中

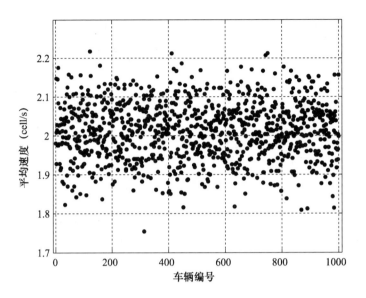

图 6.6　每辆车通过雾区时的平均速度差异

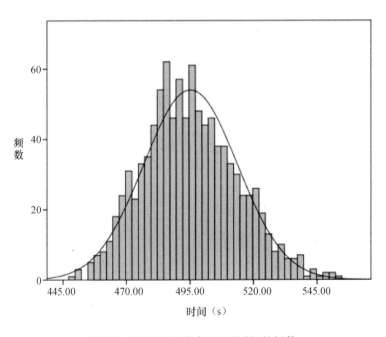

图 6.7　每辆车通过雾区所用时间的频数

去掉前一小时的数值，取后 10 小时的结果进行运算。单向双车道高速公路上，平均每小时放行的车辆数量 Q 见表 6.1。

表 6.1　　　　　　　　间断放行时每小时放行车辆数量 Q

h_t/s	30	35	40	45	50	55	60	65	70	75	80	85	90	95	100	105
Q/veh	240	206	180	160	144	131	120	111	103	96	90	85	80	76	72	69

放行车辆的追尾事故风险概率见图 6.8。可见，随着间断放行时间间隔的增加，车辆经过雾区时所面临的风险明显降低。当雾区的长度一定时，最高限速较低的车辆，经过雾区的时间更长，所花时间的差异也会更大，间断放行过程中，会有更多的车辆聚集在一起，从而增大了发生交通事故的风险。由图 6.8 可见，当放行时间间隔 h_t 大于 35s 时，最高限速为每秒 3 个元胞的 f_a 值低于最高限速为每秒 2 个元胞的 f_a 值。但是，当放行时间间隔太小（30s）时，由于间断放行措施的效果减弱，接近于没有采取间断放行措施，其

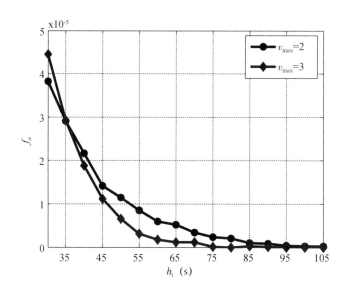

图 6.8　f_a 与放行时间间距的关系（$L = 1000$）

结果类似于图 6.4 中 $\rho < 0.1$ 时的情况, 即浓雾条件下不采取间断放行措施时较低的限速有利于降低发生追尾事故的风险。

比较图 6.4 和图 6.8 可知, 采取间断放行措施后, 降低了高速公路发生追尾交通事故的概率。而且, 通过增大放行时间间隔, 可使追尾事故概率趋于 0。当 $v_{max} = 2$ 时, h_t 大于临界值 h_{max} (95s) 以上可使追尾事故概率趋于 0; 当 $v_{max} = 3$ 时, h_t 只需要在 75s 以上即可。

本章研究了雾区长度对双车道间断放行措施的影响。由表 6.2 可见, 车辆通过不同长度的雾区时的平均速度, 除了 $L = 1000$ 和 $L = 1500$ 时两者没有显著差异之外, 其余的均有显著差异。说明雾区长度对间断放行车辆速度有一定的影响。另外, 雾区越长, 车辆通过雾区所用时间的标准差也越大, 见表 6.3。由此可见, 雾区越长, 相同限速条件下, 可能会有更多的车辆聚集到一起, 发生追尾交通事故的风险越大, 可使追尾事故概率趋于 0 的时间间隔也越长。$L = 2000$ 时, f_a 与间隔时间的关系见图 6.9。

表 6.2   不同 L 下车辆运行速度的多重比较

(I) L	(J) L	均值差 (I−J)	标准误	显著性	95% 置信区间	
					下限	上限
500	1000	0.01019 *	0.00328	0.002	0.0038	0.0166
	1500	0.01318 *	0.00328	0.000	0.0067	0.0196
	2000	0.02102 *	0.00328	0.000	0.0146	0.0275
1000	1500	0.00299	0.00328	0.363	−0.0034	0.0094
	2000	0.01082 *	0.00328	0.001	0.0044	0.0173
1500	2000	0.00784 *	0.00328	0.017	0.0014	0.0143

*. 均值差的显著性水平为 0.05。

表 6.3　　　　　　不同 L 下车辆通过时间的描述统计值（$v_{max}=3$）

L（元胞数量）	放行车辆数	极小值	极大值	均值	标准差
500	1000	213.00	290.00	245.4400	11.45094
1000	1000	449.00	568.00	495.3355	18.48425
1500	1000	683.50	844.50	744.9935	23.91577
2000	1000	930.00	1115.00	996.9140	31.04507

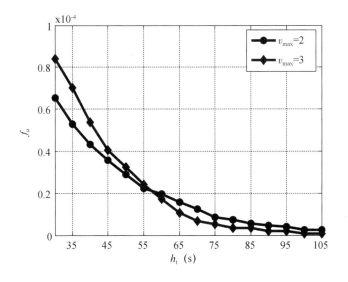

图 6.9　道路长度对 f_a 的影响（$L=2000$）

　　每辆车从进入雾区到离开雾区的时间段内，发生追尾事故的风险 f_{a1}，可以用式（6—2）表示[90]。以 $L=1000$ 为基准，$L=2000$ 时 f_{a1} 的增加值和 $L=500$ 时 f_{a1} 的降低值如图 6.10 和图 6.11 所示。可见，当放行时间的间隔越短时，雾区长度对 f_{a1} 的影响越大。

$$f_{a1} = f_d \frac{1}{N} \sum_{t=1}^{T} \sum_{n=1}^{N} DS(t) \qquad (6-2)$$

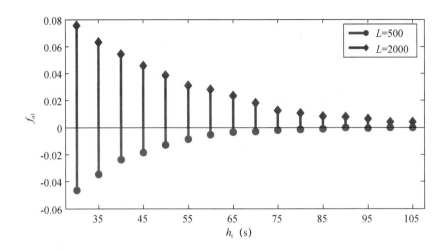

图 6.10 不同 L 下 f_{a1} 的增减（$v_{max} = 2$）

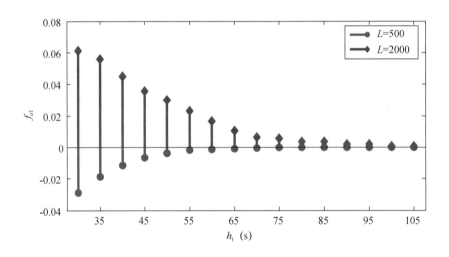

图 6.11 不同 L 下 f_{a1} 的增减（$v_{max} = 3$）

为满足不同的驾驶员对最高限速的不同需求，本章将两个车道设置不同的最高限速值，分别为外侧车道 $v_{max} = 2$ 和里侧车道 $v_{max} = 3$。驾驶员驶入雾区时自行选择不同的限速车道，雾区中行驶时不允许换道。研究间断放行时间间隔相同和不同的情况下，雾区长度对间断放行措施的影响。以 $L = 1000$ 为基准，$L = 2000$ 时 f_{a1} 的增加值和

$L=500$ 时 f_{a1} 的降低值如图 6.12 和图 6.13 所示。可见，该放行方案下，同样存在放行时间间隔越短，则雾区长度对 f_{a1} 影响越大的规律。

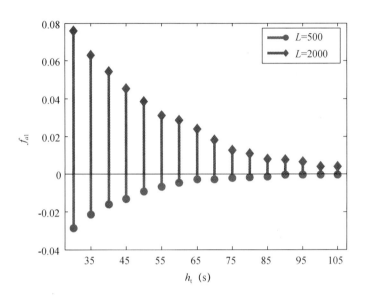

图 6.12　分道限速下 L 对 f_{a1} 的影响（$v_{max}=2$）

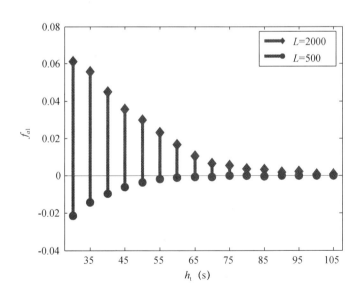

图 6.13　分道限速下 L 对 f_{a1} 的影响（$v_{max}=3$）

　　两个车道交错放行车辆，可能对放行措施也有一定的影响。假定两个车道各自放行时，时间间隔均为 h_t，但是两个车道放行车辆的时间差为 $h_t/2$，即车道 1 放行后经过 $h_t/2$ 的时间车道 2 再放行车

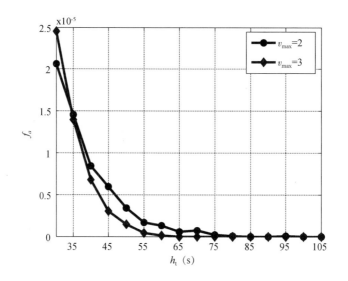

图 6.14　两车道交错放行对 f_a 的影响（$L = 500$）

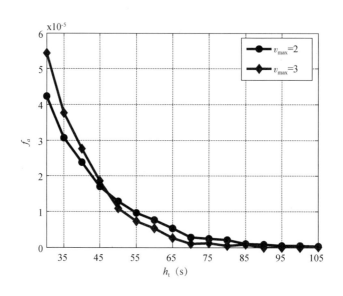

图 6.15　两车道交错放行对 f_a 的影响（$L = 1000$）

辆，结果如图 6.14 和图 6.15 所示。可见，两车道交错放行车辆，会增大发生追尾事故的风险。两车道交错放行车辆时，驾驶员难以参考相邻车道车辆行驶。根据驾驶模拟器实验结果可知，此种情形下，驾驶员与同一车道前车的跟车距离会相对较短。驾驶员保持较短跟车距离的行为，会增加发生追尾事故的风险。可见，模拟结果与驾驶模拟器实验结果具有一致性。

第四节　讨论

本节比较了浓雾下高速公路采取单辆车间断放行措施时，单车道放行和双车道放行的差别。由单双车道放行车辆通过雾区时的平均时间可知（见图 6.16），单车道放行时，车辆通过雾区的平均时间更长。而且，与单车道放行相比，双车道放行时，驾驶员会与相邻车道车辆结伴前行（见图 6.17）。由驾驶模拟器实验结果可知，

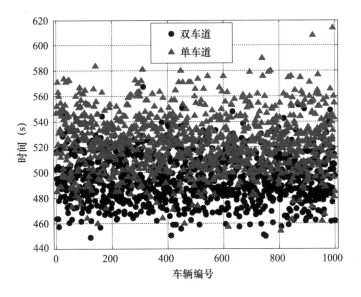

图 6.16　单双车道车辆通过雾区的平均时间（$v_{max} = 3$，$L = 1000$）

此种情形下，驾驶员可以参考相邻车道车辆来行驶，与同一车道前车的跟车距离会相对较长。数值模拟结果显示，双车道放行时，由于车辆速度更加平稳，同一车道上车辆聚集在一起的机会也会降低（图6.18）。因此，在不同的时间间隔下，单车道上的追尾事故概率 f_a 大于双车道上的 f_a 值（见图6.19）。可见，浓雾下高速公路采取双车道间断放行措施，相比于单车道间断放行而言，不仅可以放行更多的车辆，而且更加安全。

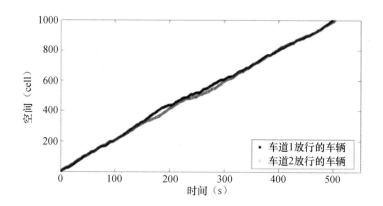

图 6.17　双车道放行的车辆运行轨迹（$v_{max} = 3$，$L = 1000$）

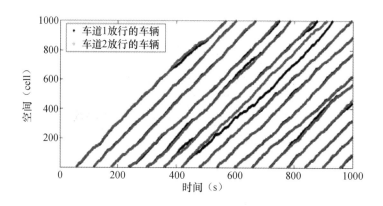

图 6.18　放行车辆在不同车道上的聚集情况（$v_{max} = 3$，$L = 1000$）

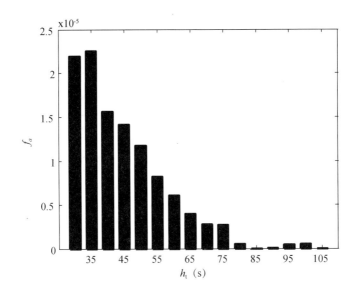

图 6.19　单双车道 f_a 的差值（ $v_{max}=3$ ，$L=1000$ ）

　　采取一次放行一辆车的间断放行措施时，虽然提高了浓雾下高速公路行车的安全性，但是可能会造成一定的延误。本小节以排队论模型为工具，还分析了间断放行措施可能造成的延误大小。高速公路雾区间断放行排队系统如图 6.20 所示，该系统由三个部分组成。

一　输入过程

　　指车辆按照什么样的规律到达雾区。一般来讲，车辆到达雾区是一个随机过程，本研究假定其服从泊松分布。

二　排队规则

　　指到达雾区的车辆按照什么样的顺序通过雾区。间断放行措施中，假定所有来车都按照先后顺序排队等待放行。

三　服务方式

　　指在同一时间有多少条车道可供放行，以及间断放行的时间间隔是多少。对于单向双车道高速公路，一次放行时两车道均放行一辆车，即一次同时放行两辆车，时间间隔为固定值。

车道2 ——→ 离去

车道1 ——→ 离去

车辆到达并排队　　间断放行

图 6.20　高速公路雾区间断放行排队示意图

如果令 M 代表泊松输入，D 代表定长服务，则有 2 条放行车道的高速公路雾区间断放行排队系统可以表达为 M/D/2。设车辆的平均到达率为 λ，则到达的平均时距为 $1/\lambda$；设平均服务率为 μ，则平均服务时间为 $1/\mu$。比率 $\rho = \lambda/\mu$ 叫作服务强度。当 $\rho < 1$ 时系统保持稳定状态。在该 M/D/2 排队系统中，服务时间 T（随机变量）为一常量，每辆车的平均服务时间为 $E(T)$。在稳定状态下，该系统特性量计算如下：

（1）系统内一辆车也没有的概率 P_0

$$P_0 = 1 - \lambda E(T)$$

（2）系统内的平均车辆数 L

$$L = \lambda E(T) + \frac{\{\lambda E(T)\}^2}{2\{1 - \lambda E(T)\}}$$

（3）系统内平均等待的车辆数 L_q

$$L_q = \frac{\{\lambda E(T)\}^2}{2\{1 - \lambda E(T)\}}$$

（4）车辆在系统内的平均停留时间 W

$$W = \frac{L}{\lambda}$$

（5）车辆在系统内的平均等待时间 W_q

$$W_q = \frac{L_q}{\lambda}$$

例如，设某山区单向双车道高速公路浓雾时每小时到达小汽车数量为 100 辆，车辆到达雾区是随机的，服从泊松分布，即 $\lambda =$ 100，经计算可得不同的间断放行措施下系统特性量如表 6.4 所示。

表 6.4　　　　　　　　间断放行排队的系统特性量

时间间隔	30 秒	35 秒	40 秒	45 秒	50 秒	55 秒	60 秒	65 秒	70 秒
P_0	0.5833	0.5098	0.4444	0.375	0.3056	0.2308	0.1667	0.0909	0.0196
L	0.5655	0.7259	0.9028	1.1458	1.4836	2.0513	2.9167	5.4545	25.4902
L_q	0.1488	0.2357	0.3472	0.5208	0.7891	1.2821	2.0833	4.5455	24.5098
W	0.0057	0.0073	0.009	0.0115	0.0148	0.0205	0.0292	0.0545	0.2549
W_q	0.0015	0.0024	0.0035	0.0052	0.0079	0.0128	0.0208	0.0455	0.2451

与单车道间断放行相比，采用双车道放行时，系统内平均等待的车辆数和车辆在系统内的平均等待时间都会减少。假定每小时到达雾区的小汽车数量为 60 辆，则单双车道放行时结果如图 6.21 和图 6.22 所示。

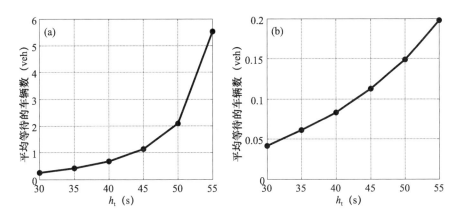

图 6.21　单双车道放行对 L_q 的影响。（a）表示单车道；（b）表示双车道

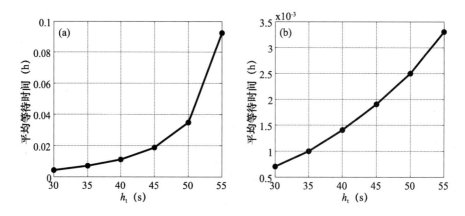

图 6.22 单双车道放行对 W_q 的影响。（a）表示单车道；（b）表示双车道

另外，当 $\rho \to 1$ 时，排队长度增加较快。假定双车道间断放行时，每隔 1 分钟放 1 次车，则车辆在不同的到达率时，排队长度如图 6.23 所示。当采取间断放行措施时，如果到达雾区车辆较多导致排队过长，应该及时采用疏散措施。

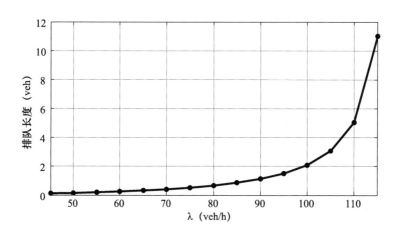

图 6.23 排队长度与 λ 的关系

第五节　本章小结

　　本章基于驾驶模拟器实验结果，通过建立考虑浓雾下驾驶行为特征的双车道交通流元胞自动机模型，研究了浓雾下高速公路的限速和双车道间断放行管理措施。

　　研究表明，对于单向双车道高速公路，若浓雾下有换道行为发生，换道过程中忽略相邻车道后车的危险换道方式发生时（$gap_n^b \geqslant 0$），驾驶员发生追尾交通事故风险的最大值要高于采用安全换道规则（$gap_n^b > v_{\max}$）时的最大值。当元胞占有率 $\rho > 0.115$，且驾驶员忽略相邻车道后车的危险换道方式发生时，车辆的换道概率比采用安全换道规则时的换道概率大，说明发生侧向碰撞事故的风险增大。可见，浓雾下开放双车道，且只采用限速措施时，若车流中存在一些具有冒险行为的驾驶员危险驾驶，则会带来很大的事故风险。因此，浓雾下开放双车道的高速公路，在采用限速措施的同时，还应该辅以其他控制措施，例如本章探讨的双车道间断放行措施。

　　浓雾下高速公路双车道间断放行措施，当每隔一段时间放行一辆车时，发生追尾事故的风险 f_a 随着放行时间间隔 h_t 的增大而降低。而且，在不同的低限速条件下，h_t 存在不同的临界值 $h_{\max}$。间断放行措施可在 $h_t > h_{\max}$ 时有效控制浓雾下追尾事故风险。

　　另外，浓雾下采取双车道间断放行措施时，雾区变长或两车道交错放行车辆都会增大发生追尾交通事故的风险。实际操作中，可根据雾区长度，制定出相应的放行方案，有效控制浓雾下交通事故风险。

　　虽然采取间断放行措施会在一定程度上影响交通流量，但是可以将事故概率控制在合理范围之内。因此，从交通安全和出行需求的角度考虑，相比于浓雾下高速公路封路，间断放行措施更为有利。本章所得的研究结果，可为交通管理部门实施浓雾下高速公路双车道间断放行交通管理措施提供理论依据和参考。

第 七 章

总结与展望

浓雾天气极易引发交通事故。为保障交通安全，中国高速公路在雾天往往频繁地采取封路措施，影响交通效率，进而造成经济损失。由文献综述可见，目前在浓雾风险管理方面，已有研究存在一些不足。在研究雾天跟驰行为时，集中于单车道上的行为，而没有考虑相邻车道车辆对跟驰行为的影响；而且，虽然得到雾天风险驾驶行为特征，但缺少量化其对交通安全和效率等产生多大影响的研究；对雾天驾驶行为的研究成果，还没有应用到实际的交通管理措施中去。因此，本书在已有研究的基础上，进一步探讨了高速公路浓雾风险管理问题。下面将分别总结研究的主要内容、贡献、局限性和展望。

第一节 研究内容总结

本书在高速公路浓雾风险的分析、量化和控制等几个方面展开了研究。首先，为界定研究范畴，对本书中浓雾下事故风险的概念做了定义；其次，通过驾驶模拟器实验，分析了浓雾下的风险驾驶行为；再次，基于实验结果，对浓雾下行车风险进行了建模和量化；最后，研究了浓雾下高速公路间断放行措施，以控制行车风险。主要内容如下：

一　浓雾下高速公路追尾事故风险概念的定义

为定义本书中浓雾下追尾事故风险的概念，本书首先研究了多种交通风险下的事故概率问题。当有多种交通风险同时存在时，所有风险因素都有可能引发危险交通情境的出现；当危险情境出现时，任何一种风险因素也都有可能将其转化为交通事故。基于条件概率的研究结果表明，风险叠加会使发生交通事故的概率激增，应当避免多种风险同时存在。

浓雾下某辆车在高速公路上行驶时，交通事故的发生可由下列原因导致：（一）浓雾风险因素和其他风险因素均导致了危险情境的出现，并且它们共同将危险情境转化为交通事故；（二）浓雾或其他风险因素单独引发了危险情境，但是浓雾和其他风险因素共同参与将危险情境转化为事故；（三）浓雾和其他风险因素共同引发危险情境，但是在将危险情境转化为事故的过程中，只有浓雾风险因素参与或者其他风险因素参与；（四）浓雾引发危险情境并将其转化为事故，或其他风险因素引发危险情境并将其转化为事故。可见，控制住浓雾下发生危险情境的概率，能够降低浓雾下发生交通事故的风险。

因此，将浓雾下高速公路追尾事故风险定义为：平均每辆车经过雾区时，由发生危险情境导致的追尾事故概率。若实施某种交通管理措施后危险情境数量显著降低，即可说明措施的有效性。

二　浓雾风险分析

本书通过汽车驾驶模拟器实验，结合问卷调查的方式，研究分析了浓雾环境下单向双车道高速公路上驾驶员的风险驾驶行为。

研究发现，无论相邻车道是否有车，浓雾下被试的跟车距离都会缩短。相邻车道有车辆时，浓雾下，被试会趋向于与相邻车道车辆结伴前行。相邻车道车速相对较小时，被试自由行驶的平均速度也相对较小，但跟车距离会相对较大。说明相邻车道车辆的行为，对被试行为也有一定的影响。

浓雾天气下，驾驶员会意识到危险的存在，所以会比正常天气时更加小心地开车，少做与驾驶无关的事情。遗憾的是，大部分被试没有意识到在浓雾下缩短了跟车距离，以及由此所带来的风险。虽然交通安全教育或者道路上的信息板提示驾驶员要在浓雾下保持合适的跟车距离，但是，由于浓雾下驾驶员的认知局限，使他们认为自己所保持的合适距离，实际上为比正常天气时要短很多的跟车距离。浓雾下缩短跟车距离的行为，往往比较容易产生追尾交通事故。因此，需要一种科学的方案来矫正驾驶员的这种风险行为。

本书设计的矫正浓雾下驾驶员风险行为的方案，在被试自由行驶时提供建议速度值，跟车行驶时提供建议跟车间距值并显示实时跟车距离。结果显示，该方案可以使浓雾下驾驶员的速度差异变小，而且正常天气时的跟车距离和浓雾下的跟车距离没有显著差异，被试不再无意识地缩短跟车距离。实际中，跟车距离的增大，会降低发生追尾交通事故的风险。可见，该方案是有效的。

三　单车道间断放行措施

本书通过建立考虑浓雾条件下驾驶行为特征的单车道交通流模型，来探讨浓雾对交通的影响，包括速度、流量和安全性。为保证浓雾条件下高速公路不封路，而且安全性有保障，本书在理论上研究了单车道间断放行措施。

浓雾降低了车辆运行速度和交通量，而且在车辆的元胞占有率 $\rho < 0.5$ 时，浓雾条件下平均每辆车每秒钟发生追尾交通事故的概率 f_a 远远高于无雾条件时的概率。

从高速公路间断放行措施车队运行的时空轨迹图可见，车队中有车辆脱离前车视线范围，与前车距离逐渐变大，再现了本书的驾驶模拟器实验结果和 Broughton 等学者[19]所描述的浓雾条件下有慢车（Laggers）的存在，说明本研究所建立的考虑浓雾条件下驾驶行为特征的交通流元胞自动机模型，可以反映浓雾条件下的真实驾驶行为。放行车队通过雾区时，平均每辆车每秒钟发生交通事故的概率 f_a 的模拟结果显示了间断放行措施确实可以降低风险。

间断放行车队通过雾区时，平均每辆车发生追尾交通事故的概率 f_{a1} 随着放行数量 N 的增加而增大。因此，在实际应用中，交通管理部门应该选择合适的放行数量。若假定 f_{a1} 小于 1% 是安全的，则由研究结果可知，放行车队包含的车辆数 N 最多为 90 辆，车队之间放行时间间距 h_t 最少为 337 秒，每小时交通量 Q_{max} 不多于 962 辆车。

四　双车道间断放行措施

基于驾驶模拟器实验结果，本书建立了考虑浓雾下驾驶行为特征的双车道交通流模型。研究浓雾下高速公路的限速和双车道间断放行管理措施对事故风险影响的主要结论如下：

浓雾下，对于单向双车道高速公路，若有换道行为发生，换道过程中忽略相邻车道后车的危险换道方式发生时，驾驶员发生追尾交通事故风险的最大值要高于采用安全换道规则时的最大值。当元胞占有率 $\rho > 0.115$，且驾驶员忽略相邻车道后车的危险换道方式发生时，车辆的换道概率比采用安全换道规则时的换道概率大，说明发生侧向碰撞事故的风险增大。但是，仅限速措施无法将风险控制在合理范围内。

本书所探讨的浓雾下高速公路双车道间断放行措施，在不同的低限速条件下，间断放行的时间间隔存在不同的临界值。当间断放行的时间间隔大于临界值时，该间断放行措施可有效控制浓雾下的追尾事故风险。公路雾区变长或两车道交错放行车辆，在使临界值变大的同时，也会增大发生追尾交通事故的概率。

采取本书所研究的双车道间断放行措施，虽然会在一定程度上影响交通流量，但是可以将事故发生概率控制在合理范围之内。因此，从交通安全和出行需求的角度考虑，相比于浓雾下高速公路封路，采取该种措施更为有利。

第二节　本书的主要贡献

一、从危险情境的角度，提出了多风险下的风险叠加概念模型。该模型下，通过控制危险情境数量，即可控制发生交通事故的风险。

二、本书研究得出，浓雾条件下相邻车道的车辆，对驾驶员的行为也有一定的影响。而且，为探索矫正浓雾下驾驶员缩短跟车距离行为的方法，本研究设计了一种基于智能交通系统的方案，通过驾驶模拟器实验，证明了该方案的有效性，为矫正措施的制定提供依据。

三、通过建立考虑了浓雾条件下驾驶行为特征的单车道交通流模型，来研究浓雾对追尾事故概率的影响。为了最大程度降低雾天带来的事故风险，采用了单车道间断放行并控制车速的措施。在保障交通安全的前提下，本书确定出了浓雾天气时，高速公路单车道间断放行措施中合理的放行数量和放行车队之间的间距。研究结果可以为交通管理部门制定单车道间断放行措施提供理论依据和参考。

四、考虑相邻车道车辆的相互影响，建立了浓雾下双车道交通流模型。通过数值模拟，探讨了浓雾下高速公路采取双车道间断放行措施时，不同的放行方案对追尾事故概率的影响。在限定的事故概率条件下，确定出双车道间断放行措施中，在不同长度的雾区时，合理的放行时间间隔。在实际操作中，可根据雾区长度制定出相应的放行方案，有效控制浓雾下交通事故风险。

第三节　研究局限与展望

浓雾下驾驶行为研究及高速公路间断放行措施的理论研究，是一个较新的课题，研究内容涉及心理学、交通工程和风险管理等多个学科领域，见图 7.1。

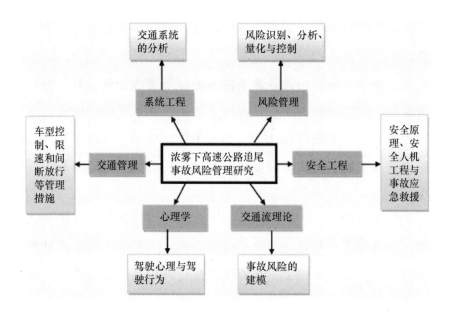

图 7.1　本书涉及的学科领域

本书在浓雾下高速公路单、双车道上驾驶行为、风险建模和间断放行措施的研究方面，均取得了一定的进展。但是，本书具体存在如下的一些局限性，也是今后研究十分有价值的方向：

一、浓雾下，一般不允许危险品运输车辆和货车在高速公路上通行，因此，在本书研究的间断放行措施中，没有考虑这两类车辆。未来研究中，可以进一步探讨如何在浓雾条件下保证这两类车辆的安全通行。

二、本书中，仅研究了浓雾对交通的影响及应对措施，如果将浓雾天气与冰雪天气结合，或者与雨天结合，都是很好的研究课题。

三、目前，由于缺乏相关数据，未能对间断放行措施做出经济评价。待数据的积累充足时，间断放行措施的经济评价研究也非常有价值。针对该措施，将来积累一定数量的实测数据时，可以开展更多的研究。

四、本书着眼于现有间断放行措施的理论研究，建立事故风险模型。将来的研究中，可以通过一系列的驾驶模拟器实验等手段，获取不同低能见度下的驾驶行为等特征，探讨浓雾下高速公路可以通行的极限条件。

五、基于本书的研究成果，还可以开发浓雾条件下高速公路风险预警管理系统。该系统应该包括精确的能见度测量，根据设定的能见度阈值预警，按照检测到的交通状况推荐合适的间断放行措施等功能。

参考文献

［1］中华人民共和国交通运输部:《2017 年交通运输行业发展统计公报》(2018 - 3 - 30),(http://zizhan. mot. gov. cn/zfxxgk/bns-sj/ zhghs/201803/t20180329_ 3005087. html)。

［2］史培军:《中国自然灾害系统地图集》,科学出版社 2003 年版。

［3］谭金华:《道路风险管理研究》,硕士学位论文,清华大学,2011 年。

［4］孟晓艳、余予、张志富等:《2013 年 1 月京津冀地区强雾霾频发成因初探》,《环境科学与技术》2014 年第 37 期。

［5］Brooks J O, Crisler M C, Klein N, et al. , "Speed Choice and Driving Performance in Simulated Foggy Conditions", *Accident Analysis and Prevention*, Vol. 43, 2011, pp. 698 - 705.

［6］邹晨曦:《沪宁高速公路雾灾的分布特征与风险评价》,硕士学位论文,南京信息工程大学,2011 年。

［7］中华人民共和国交通运输部:《2013 年交通运输行业发展统计公报》(2014 - 7 - 18),(http://www. moc. gov. cn/zfxxgk/bnssj/zhghs/201405/t20140513_ 1618277. html)。

［8］中华人民共和国交通运输部:《2012 年公路水路交通运输行业发展统计公报(2014 - 7 - 18)》,(http://www. moc. gov. cn/zhuzhan/tongjigongbao/fenxigongbao/hangyegongbao/201304/

t20130426_ 1402794. html）。

［9］中华人民共和国公安部：《公安部网站＞＞公安部交管局＞＞统计信息》（2014－07－28），（http：//www. mps. gov. cn/n16/n85753/n85870/index. html）。

［10］石京、谭金华：《道路风险分析与评估管理系统研究初探》，《公路工程》2011 年第 36 期。

［11］冯民学：《高速公路交通气象智能化监测预警系统研究》，博士学位论文，南京信息工程大学，2005 年。

［12］邢向楠、崔岩梅、张富根等：《能见度测量技术现状及发展趋势综述》，《计测技术》2010 年第 30 期。

［13］傅刚、李晓岚、魏娜：《大气能见度研究》，《中国海洋大学学报》（自然科学版）2009 年第 39 期。

［14］Bendix J．，"Determination of Fog Horizontal Visibility by Means of NOAA-AVHRR"，*Geoscience and Remote Sensing Symposium*，Vol. 3，1995，pp. 1847－1849.

［15］王艳斌：《双光路对称式能见度测量技术的研究》，硕士学位论文，西安电子科技大学，2009 年。

［16］龚芳：《基于 GPRS 的高速公路防雾预警系统设计研究》，硕士学位论文，中国海洋大学，2007 年。

［17］陈武弟、龙伟、丁柱：《基于 RFID 的雾天高速公路车辆实时预警系统》，《中国制造业信息化》2010 年第 39 期。

［18］中华人民共和国公安部：《关于加强低能见度气象条件下高速公路交通管理的通告》，1997 年 12 月 26 日颁布。

［19］Broughton K L M，Switzer F，Scott D．，"Car Following Decisions Under Three Visibility Conditions and Two Speeds Tested with a Driving Simulator"，*Accident Analysis and Prevention*，Vol. 39，2007，pp. 106－116.

[20] Caro S, Cavallo V, Marendaz C, et al., "Can Headway Reduction in Fog Be Explained by Impaired Perception of Relative Motion?", *Human Factors*, Vol. 51, 2009, pp. 378 – 392.

[21] Ni R, Kang J J, Andersen G J., "Age-related Declines in Car Following Performance Under Simulated fog Conditions", *Accident Analysis and Prevention*, Vol. 42, 2010, pp. 818 – 826.

[22] Ni R, Bian Z, Guindon A, et al., "Aging and the Detection of Imminent Collisions Under Simulated Fog Conditions", *Accident Analysis and Prevention*, Vol. 49, 2012, pp. 525 – 531.

[23] Saffarian M, Happee R, Winter J C F., "Why do Drivers Maintain Short Headways in Fog? A Driving-simulator Study Evaluating Feeling of Risk and Lateral Control During Automated and Manual car Following", *Ergonomics*, Vol. 55, 2012, pp. 971 – 985.

[24] Mueller A S, Trick L M., "Driving in Fog: The Effects of Driving Experience and Visibility on Speed Compensation and Hazard Avoidance", *Accident Analysis and Prevention*, Vol. 48, 2012, pp. 472 – 479.

[25] Hassan H M, "Abdel-Aty M A. Analysis of Drivers' Behavior Under Reduced Visibility Conditions Using a Structural Equation Modeling approach", *Transportation Research Part F*, Vol. 14, 2011, pp. 614 – 625.

[26] 汤笃筠:《高速公路雾区交通安全保障技术研究》, 硕士学位论文, 合肥工业大学, 2005 年。

[27] 赵佳:《基于驾驶模拟实验的雾天对驾驶行为影响的研究》, 硕士学位论文, 北京交通大学, 2012 年。

[28] 陈秀锋、曲大义、刘尊民等:《基于驾驶模拟器的雾天驾驶行为特性研究》,《武汉理工大学学报》(交通科学与工程版)

2013 年第 37 期。

［29］Abdel-Aty M，Ekram A A，Huang H，et al.，"A Study on Cra-shes Related to Visibility Obstruction Due to Fog and Smoke"，*Ac-cident Analysis and Prevention*，Vol. 43，2011，pp. 1730 – 1737.

［30］段冀阳：《驾驶员的跟驰风险错觉与无意识行为模范》，博士学位论文，清华大学，2012 年。

［31］Abdel-Aty M A，Hassan H M，Ahmed M，et al.，"Real-time Prediction of Visibility Related Crashes"，*Transportation Research Part C*，Vol. 24，2012，pp. 288 – 298.

［32］Hassan H M，Abdel-Aty M A.，"Predicting Reduced Visibility Related Crashes on Freeways Using Real-time Traffic Flow Data"，*Journal of Safety Research*，Vol. 45，2013，pp. 29 – 36.

［33］徐铖铖、刘攀、王炜等：《恶劣天气下高速公路实时事故风险预测模型》，《吉林大学学报》（工学版）2013 年第 43 期。

［34］Boccara N，Fuks H，Zeng Q.，"Car Accidents and Number of Stopped Cars due to Road Blockage on a One-lane Highway"，*Journal of Physics A：Mathematical and General*，Vol. 30，1997，pp. 3329 – 3332.

［35］李力、姜锐、贾斌等：《现代交通流理论与应用》，清华大学出版社 2011 年版。

［36］贾斌、高自友、李克平等：《基于元胞自动机的交通系统建模与模拟》，科学出版社 2007 年版。

［37］Cremer M，Ludwig J.，"A Fast Simulation Model for Traffic Flow on the Basis of Boolean Operations"，*Mathematics and Computers in Simulation*，Vol. 28，1986，pp. 297 – 303.

［38］Nagel K，Schreckenberg M.，"Cellular Automaton Models for Freeway Traffic"，*Physics I*，Vol. 2，1992，pp. 2221 – 2229.

[39] Fukui M, Ishibashi Y., "Traffic Flow in 1D Cellular Automata Model Including Cars Moving with High Speed", *Journal of the Physical Society of Japan*, Vol. 65, 1996, pp. 868 – 870.

[40] Benjamin S C, Johnson N F, Hui P M., "Cellular Automata Models of Traffic Flow Along a Highway Containing a Junction", *Journal of Physics A: Mathematical and General*, Vol. 29, 1996, pp. 3119 – 3127.

[41] Clarridge A, Salomaa K., "Analysis of a Cellular Automaton Model for Car Traffic with a Slow-to-stop Rule", *Theoretical Computer Science*, Vol. 411, 2010, pp. 3507 – 3515.

[42] Knospe W, Santen L, Schadschneider A, et al., "Towards a Realistic Microscopic Description of Highway Traffic", *Journal of Physics A: Mathematical and General*, Vol. 33, 2000, pp. 477 – 485.

[43] 汪秉宏、王雷、许伯铭等:《高速车随机延迟逐步加速交通流元胞自动机模型》,《物理学报》2000 年第 49 期。

[44] Wang L, Wang B H, Hu B., "Cellular Automaton Traffic Flow Model Between the Fukui-Ishibashi and Nagel-Schreckenberg Models", *Physical Review E*, Vol. 63, 2001, p. 056117.

[45] La'rraga M E, Río J A, Alvarez-Lcaza L., "Cellular Automata for One-lane Traffic Flow Modeling", *Transportation Research Part C: Emerging Technologies*, Vol. 13, 2005, pp. 63 – 74.

[46] La'rraga M E, Alvarez-lcaza L., "Cellular Automaton Model for Traffic Flow Based on Safe Driving Policies and Human Reactions", *Physica A*, Vol. 389, 2010, pp. 5425 – 5438.

[47] 肖瑞杰、孔令江、刘慕仁:《车辆的长度和速度对单车道混合交通流的影响》,《物理学报》2007 年第 56 期。

［48］ Wang F，Li L，Hu J M，et al.，"A Markov-Process Inspired CA Model of Highway Traffic"，*International Journal of Modern Physics C*，Vol. 20，2009，pp. 117 – 131.

［49］ Vasic J，Ruskin H J.，"Cellular Automata Simulation of Traffic Including Cars and Bicycles"，*Physica A*，Vol. 391，2012，pp. 2720 – 2729.

［50］ 杨丽群：《考虑停车行为的交通流元胞自动机模型的研究与应用》，硕士学位论文，合肥工业大学，2007 年。

［51］ 潘江洪、白克钊、邝华等：《一种考虑能见度影响的元胞自动机交通流模型》，《广西师范大学学报》（自然科学版）2011 年第 29 期。

［52］ Zhang W，Zhang W，Yang X Q.，"Energy Dissipation in the Deterministic and Nondeterministic Nagel-Schreckenberg Models"，*Physica A*，Vol. 387，2008，pp. 4657 – 4664.

［53］ Ramachandran P.，"Cellular Automata Models of Traffic Behavior in Presence of Speed Breaking Structures"，*Communications in Theoretical Physics*，Vol. 52，2009，pp. 646 – 652.

［54］ 梁玉娟、薛郁：《道路弯道对交通流影响的研究》，《物理学报》2010 年第 59 期。

［55］ 赵韩涛、毛宏燕：《有应急车辆影响的多车道交通流元胞自动机模型》，《物理学报》2013 年第 62 期。

［56］ 王殿海、金盛：《车辆跟驰行为建模的回顾与展望》，《中国公路学报》2012 年第 25 期。

［57］ Nagatani T.，"Kinetic Segregation in a Multilane Highway Traffic Flow"，*Physica A*，Vol. 237，1997，pp. 67 – 74.

［58］ Li X G，Gao Z Y，Jia B，et al.，"Segregation Effect in Symmetric Cellular Automata Model for Two-lane Mixed Traffic"，*The*

European Physical Journal B，Vol. 54，2006，pp. 385 – 391.

[59] 雷丽、薛郁、戴世强：《交通流的一维元胞自动机敏感驾驶模型》，《物理学报》2003 年第 52 期。

[60] 吴可非、邝华、孔令江等：《元胞自动机 FI 和 NS 交通流混合模型的研究》，《广西师范大学学报》（自然科学版）2005 年第 23 期。

[61] 王裕青、周美莲、李青：《模拟驾驶行为的元胞自动机交通流模型》，《计算机技术与发展》2008 年第 18 期。

[62] 彭莉娟、康瑞：《考虑驾驶员特性的一维元胞自动机交通流模型》，《物理学报》2009 年第 58 期。

[63] 花伟、许良：《考虑驾驶水平的元胞自动机交通流模型》，《交通运输系统工程与信息》2007 年第 7 期。

[64] 康瑞、彭莉娟、杨凯：《考虑驾驶方式改变的一维元胞自动机交通流模型》，《物理学报》2009 年第 58 期。

[65] Ding J X, Huang H J, Tian Q.，"A Traffic Flow Cellular Automaton Model to Considering Drivers' Learning and Forgetting Behavior"，*Chinese Physics B*，Vol. 20，2011，p. 028901.

[66] Moussa N.，"Car Accidents in Cellular Automata Models for One-lane Traffic Flow"，*Physical Review E*，Vol. 68，2003，p. 036127.

[67] 牟勇飚、钟诚文：《基于安全驾驶的元胞自动机交通流模型》，《物理学报》2005 年第 54 期。

[68] Zhang W, Yang X Q, Sun D P, et al.，"Traffic Accidents in a Cellular Automaton Model with a Speed Limit Zone"，*Journal of Physics A*：*Mathematical and General*，Vol. 39，2006，pp. 9127 – 9137.

[69] Sugiyama N, Nagatani T.，"Multiple-vehicle Collision Induced by a Sudden Stop in Traffic Flow"，*Physics Letters A*，Vol. 376，

2012，pp. 1803 – 1806.

［70］Sugiyama N，Nagatani T.，"Multiple-vehicle Collision in Traffic Flow by a Sudden Slowdown"，*Physica A*，Vol. 392，2013，pp. 1848 – 1857.

［71］张巍汉、何勇、刘洪启等：《高速公路雾区交通安全保障技术》，人民交通出版社 2009 年版。

［72］李靖：《湖南省高速公路网雾区应对技术应用优化研究与实践》，硕士学位论文，长沙理工大学，2012 年。

［73］杨艳群、卓曦、赖元文等：《高速公路路侧雾灯控制与设置技术》，《公路工程》2009 年第 34 期。

［74］韦大磊：《汽车柔性缆索护栏碰撞有限元仿真研究》，硕士学位论文，吉林大学，2014 年。

［75］陈新、刘英舜、曹从咏：《美国高速公路雾天通行管理》，《中外公路》2003 年第 23 期。

［76］刘洪启、张巍汉：《高速公路雾区安全分级控制标准和分级控制策略研究》，《公路》2007 年第 10 期。

［77］周建昆、李罡：《高速公路滚石风险评估》，《地下空间与工程学报》2009 年第 5 期。

［78］孙艳、王炼、伯绍波：《高速公路自然灾害风险管理体系的研究》，《交通企业管理》2007 年第 6 期。

［79］刘新立：《区域水灾风险评估的理论与实践》，北京大学出版社 2005 年版。

［80］黄崇福：《自然灾害风险评价：理论与实践》，科学出版社 2005 年版。

［81］王卓甫、欧阳红祥、李红仙：《水利水电施工搭接网络进度风险计算》，《水利学报》2003 年第 1 期。

［82］宋强辉、刘东升、吴越等：《地质灾害风险评估学科基本术语

的理解与探讨》,《地下空间与工程学报》2008 年第 4 期。

[83] 明晓东、徐伟、刘宝印等:《多灾种风险评估研究进展》,《灾害学》2013 年第 28 期。

[84] 尚志海、刘希林:《自然灾害风险管理关键问题探讨》,《灾害学》2014 年第 29 期。

[85] 黄崇福、刘安林、王野:《灾害风险基本定义的探讨》,《自然灾害学报》2010 年第 19 期。

[86] 王凯全、邵辉:《事故理论与分析技术》,化学工业出版社 2004 年版。

[87] 刘茂:《事故风险分析理论与方法》,北京大学出版社 2011 年版。

[88] Jiang R, Wang X L, Wu Q S., "Dangerous Situations Within the Framework of the Nagel-Schreckenberg Model", *Journal of Physics A: Mathematical and General*, Vol. 36, 2003, pp. 4763 – 4769.

[89] Mhirech A, Ismaili A A., "Vehicular Traffic Flow Controlled by Traffic Light on a Street with Open Boundaries", *International Journal of Modern Physics C*, Vol. 24, 2013, p. 1350050.

[90] Shi J, Tan J H., "Effect Analysis of Intermittent Release Measures in Heavy Fog Weather with an Improved CA Model", *Discrete Dynamics in Nature and Society*, Vol. 2013, 2013, p. 812562.

[91] Snowden R J, Stimpson N, Ruddle R A., "Speed Perception Fogs Up as Visibility Drops", *Nature*, Vol. 392, 1998, p. 450.

[92] 王延斌:《新驾驶员险情感知训练研究》,博士学位论文,清华大学,2010 年。

[93] 沈小力:《从认知负荷看视频对中国英语学习者听力理解的影响》,硕士学位论文,四川外国语大学,2013 年。

［94］中华人民共和国交通部：《公路工程技术标准（JTG B01 –
2003）》，中华人民共和国交通部，2004 年。

［95］Hart S G, Staveland L E., "Development of NASA-TLX（Task
Load Index）: Results of Empirical and Theoretical Research",
Advances in psychology, Vol. 52, 1988, pp. 139 – 183.

［96］Groot S D, Ricote F C, Winter J C F., "The Effect of Tire Grip
on Learning Driving Skill and Driving Style: A Driving Simulator
Study", *Transportation Research Part F: Traffic Psychology and
Behaviour*, Vol. 15, 2012, pp. 413 – 426.

［97］Horberry T, Anderson J, Regan M A, et al., "Driver Distrac-
tion: The Effects of Concurrent In-vehicle Tasks, Road Environ-
ment Complexity and Age on Driving Performance", *Accident A-
nalysis & Prevention*, Vol. 28, 2006, pp. 185 – 191.

［98］Glendon A I, Dorn L, Davies D R, et al., "Age and Gender
Differences in Perceived Accident Likelihood and Driver Compe-
tences", *Risk Analysis*, Vol. 16, 1996, pp. 755 – 762.

［99］Quimby A R, *Watts G R. Human factors and driving performance
（Report 1004）*, 1981, Berkshire, England: Transport and
Road Research Laboratory.

［100］Deery H., "Hazard and Risk Perception Among Young Novice
Drivers", *Journals of Safety Research*, Vol. 30, 1999, pp.
225 – 236.

［101］Biham O, Middleton A A, Levine D., "Self-organization and a
dynamical transition in traffic flow models", *Physical Review A*,
Vol. 46, 1992, pp. 6124 – 6127.

［102］吴可非、孔令江、刘慕仁：《双车道元胞自动机 NS 和 WWH
交通流混合模型的研究》，《物理学报》2006 年第 55 期。

［103］He H D, Lu W Z, Dong L Y. An improved cellular automaton model considering the effect of traffic lights and driving behavior ［J］. Chinese Physics B, 2011, 20: 040514.

［104］Transportation Research Board. Highway capacity manual 2010 ［M］. Washington: National Research Council, 2010.

［105］陶立:《机动车驾驶员不当驾驶行为特征与判别指标分析》, 硕士学位论文, 清华大学, 2012 年。

［106］国家环境保护总局:《2011 年中国环境状况公报》, 国家环境保护总局, 2011 年。

［107］蔡闻佳、王灿、陈吉宁:《中国公路交通业 CO_2 排放情景与减排潜力》,《清华大学学报》(自然科学版) 2007 年第 47 期。

［108］张晶:《交通信号系统对交通环境影响的系统分析》, 硕士学位论文, 北京交通大学, 2007 年。

［109］中华人民共和国交通部:《公路建设项目环境影响评价规范 (JTG B03 - 2006)》, 中华人民共和国交通部, 2006 年。

［110］Barlovic R, Santen L, Schadschneider A, et al., "Metastable States in Cellular Automata for Traffic Flow", *The European Physical Journal B-Condensed Matter and Complex Systems*, Vol. 5, 1998, pp. 793 - 800.

［111］Jiang R, Wu Q S., "Cellular Automata Models for Synchronized Traffic Flow", *Journal of Physics A: Mathematical and General*, Vol. 36, 2003, p. 381.

［112］Lee H K, Barlovic R, Schreckenberg M, et al., "Mechanical Restriction Versus Human Overreaction Triggering Congested Traffic States", *Physical review letters*, Vol. 92, 2004, p. 238702.

［113］Meng J P, Dai S Q, Dong L Y, et al., "Cellular Automaton

Model for Mixed Traffic Flow with Motorcycles", *Physica A*: *Statistical Mechanics and its Applications*, Vol. 380, 2007, pp. 470 – 480.

[114] Rickert M, Nagel K, Schreckenberg M, et al., "Two Lane Traffic Simulations Using Cellular Automata", *Physica A*: *Statistical Mechanics and its Applications*, Vol. 231, 1996, pp. 534 – 550.

[115] Li X G, Jia B, Gao Z Y, et al., "A Realistic Two-lane Cellular Automata Traffic Model Considering Aggressive Lane-changing Behavior of Fast Vehicle", *Physica A*: *Statistical Mechanics and its Applications*, Vol. 367, 2006, pp. 479 – 486.

[116] Kukida S, Tanimoto J, Hagishima A., "Analysis of the Influence of Lane Changing on Traffic-Flow Dynamics Based on the Cellular Automaton Model", *International Journal of Modern Physics C*, Vol. 22, 2011, pp. 271 – 281.

[117] Zheng Z., "Recent Developments and Research Needs in Modeling Lane Changing", *Transportation Research Part B*: *Methodological*, Vol. 60, 2014, pp. 16 – 32.

[118] Yang X, Ma Y Q., "Car Accidents in the Deterministic and Nondeterministic Nagel-Schreckenberg Models", *Modern Physics Letters B*, Vol. 16, 2002, pp. 333 – 344.

[119] Moussa N., "Simulation Study of Traffic Accidents in Bidirectional Traffic Models", *International Journal of Modern Physics C*, Vol. 21, 2010, pp. 1501 – 1515.

[120] Bentaleb K, Lakouari N, Marzoug R, et al., "Simulation Study of Traffic Car Accidents in Single-lane Highway", *Physica A*: *Statistical Mechanics and its Applications*, Vol. 413, 2014,

pp. 473 – 480.

[121] Li X L, Kuang H, Fan Y H, et al. , "Traffic Accidents on a Single-lane Road with Multi-slowdown Sections", *International Journal of Modern Physics C*, Vol. 25, 2014, p. 1450036.

[122] Marzoug R, Ez-Zahraouy H, Benyoussef A. , "Simulation Study of Car Accidents at the Intersection of Two Roads in the Mixed Traffic Flow", *International Journal of Modern Physics C*, Vol. 26, 2015, p. 1550007.

[123] 谭金华、石京：《高速公路间断放行的能耗和排放影响》,《清华大学学报》（自然科学版）2013 年第 53 期。

[124] 吴明隆、涂金堂：《SPSS 与统计应用分析》, 东北财经大学出版社 2012 年版。

[125] 佘廉、姚志勋、茅荃：《公路交通灾害预警管理》, 河北科学技术出版社 2003 年版。

[126] 陈斌、郭远辉：《交通安全的道路因素分析与安全审计》, 西南交通大学出版社 2007 年版。

[127] 赵永国：《公路灾害防治与新技术应用》, 中国科学技术出版社 2004 年版。

[128] 包左军、汤筠筠、李长城：《公路交通安全与气象影响》, 人民交通出版社 2008 年版。

[129] 张福德：《排队论及其程序设计》, 吉林大学出版社 1985 年版。

[130] 茆诗松、周纪芗、陈颖：《试验设计》, 中国统计出版社 2004 年版。

[131] 刘文卿：《实验设计》, 清华大学出版社 2005 年版。

[132] 谭金华、石京：《浓雾下高速公路双车道间断放行措施》,《清华大学学报》（自然科学版）2016 年第 56 期。

附　录

驾驶负荷量表(NASA – TLX)

　　A 对于此次完成的模拟驾驶任务，您认为下面每对选项中哪个更重要？（请在您认为重要的选项前打钩，请对照 B 部分中各项的定义）

	脑力需求	体力需求
	脑力需求	时间需求
	脑力需求	业绩水平
	脑力需求	努力程度
	脑力需求	受挫程度
	体力需求	时间需求
	体力需求	业绩水平
	体力需求	努力程度
	体力需求	受挫程度
	时间需求	业绩水平
	时间需求	努力程度
	时间需求	受挫程度
	业绩水平	努力程度
	业绩水平	受挫程度
	努力程度	受挫程度

　　B 根据说明，请选择符合您实际情况的数字。

（各个数字的参考意义：0 几乎没有　　1 特低　　2 很低　　3 有些低　　4 稍低　　5 不高也不低　　6 稍高　　7 有些高　　8 很高　　9 特高　　10 极高）

1 脑力需求（MENTAL DEMAND）：您认为该模拟驾驶任务的难易程度如何？

低————————————→中————————————→高

0　1　2　3　4　5　6　7　8　9　10

2 体力需求（PHYSICAL DEMAND）：您完成模拟驾驶任务时，有多大程度的体力活动？

低————————————→中————————————→高

0　1　2　3　4　5　6　7　8　9　10

3 时间需求（TEMPORAL DEMAND）：您认为模拟驾驶任务节奏快慢如何（有条不紊还是比较慌乱）？

慢————————————→中————————————→快

0　1　2　3　4　5　6　7　8　9　10

4 业绩水平（PERFORMANCE）：您对这次模拟驾驶任务的满意程度？

低————————————→中————————————→高

0　1　2　3　4　5　6　7　8　9　10

5 努力程度（EFFORT）：您需要尽多大努力来完成本次模拟驾驶任务？

低————————————→中————————————→高

0　1　2　3　4　5　6　7　8　9　10

6 受挫程度（FRUSTRATION LEVEL）：完成本次模拟驾驶任务，您感到多大程度的不安全、忧虑、沮丧、压力和不安？

低————————————→中————————————→高

0　1　2　3　4　5　6　7　8　9　10